인성지도 및 상담

㈜한국영재아카데미 강의록 1
www.kag.kr

Personality

Coaching & Counseling

인성 지도 및 상담

진종구 · 김예림 · 박종섭 · 최종호 공저

동문사

PREFACE
머리말

현재 우리 사회는 정보화, 고용불안/취업경쟁, 세대 간 갈등, 과도한 교육열, 다문화로의 변화 등 다양한 요인으로 인한 사회문제가 발생함으로써 인성교육의 필요성이 강조되고 있다. 또한 사회의 변화 속도는 점점 빨라지고 다변화되면서 인성에 대한 관심은 날로 증가되고 있다. 이러한 배경 속에서 인성교육을 의무로 규정한 세계 최초의 법인 인성교육진흥법이 제정되어 인성이 요즘 사회의 스펙 이상으로 강조하고 있으며, 직업인의 조건 중 능력도 중요하지만 인성이 뒷받침되지 않은 능력은 오히려 해악이라는 말까지 나오고 있다.

그러나 인성교육 실천 현장에서는 지식교육을 중요하게 여기는 시대상황과 인성교육에 대한 이해부족, 교육기회 부족 등 인성교육 시행에 많은 어려움을 보이고 있는 것이 현실이다. 특히 인성교육은 단순한 지식전달 교육이 아닌 사람다운 사람이 되도록 하는 가치교육으로 실시되어야 함에도 불구하고, 단순한 지식전달자로서의 인성교육 지도자를 단기과정으로 양성/배출하여 학생들이나 군 병사들을 교육함으로써 그 본래 취지나 성과를 반감시키는 현상도 일부 보이고 있는 문제도 발생시키고 있다.

인성교육지도자의 자질은 대단히 중요하다. 따라서 이 책에서는 인성교육은 물론 인성상담자로서의 자질과 능력을 갖춘 인성지도상담자 양성을 위한 교육과정에 필요한 교육내용에 대한 가이드라인을 제시하고자 하였다. 성격과 적성검사를 통하여 자기를 새롭게 발견하고, 나와 다른 남을 인식함을 바탕으로 자신의 정체감을 확립하고, 갈등관리, 분노조절, 인간관계 및 소통능력 배양 등 건전하고 조화로운 인격형성을 위한 인성교육을 실시할 수 있는 능력을 구비하고, 동시에 상담의 이론과 원리를 이해함으로써 내담자와의 상담과정에서 실제적으로 활용할 수 있는 기법을 제시하고자 하였다.

인성교육의 현장에서 여러 어려움을 겪고 있는 모든 이들에게 이 책을 통하여 스스로 인성교육에 대한 자신감을 갖게 되길 희망하며, 아울러 인간으로서 인간답고 행복한 삶을 살고, 현대사회의 비윤리적이고 비도덕적인 문제를 치유하기 위한 인성교육을 실시하는데 있어서 좋은 교육 자료로 활용되기길 바란다.

2017년 12월

저자 일동

인성지도상담사자격과정 NCS 체계

□ 학습 모듈 Ⅰ

대 분 류	이용, 숙박, 여행, 오락, 스포츠
중 분 류	스포츠
소 분 류	레크리에이션

세 분 류	능력단위 (학습모듈명)	능력단위요소 (학습명)	이수 교과명	
레크리에이션 지도			3급 교과명	2급 교과명
	인성훈련지도 1204050110_14V1	인성심리적성검사하기 1204050110-14V1.1	• 성격 및 적성검사	• 성격 및 적성검사
		자기주도 계발하기 1204050110-14V1.2	• 인성과 인성지도 • 회복탄력성	• 인성과 인성지도 • 회복탄력성 • 품성론
		타인이해하기 1204050110-14V1.3	• 감성지수 • 갈등관리 • 분노조절	• 감성지수 • 갈등관리 • 분노조절
		인간관계형성하기 1204050110-14V1.4	• 인간관계 및 소통기술 • 행복실천론	• 인간관계 및 소통기술 • 리더십 이론과 실제 • 행복실천론

□ 학습 모듈 II

대 분 류	사회복지/종교		
중 분 류		상담	
소 분 류			심리 상담

<table>
<tr><th>세 분 류</th><th></th><th></th><th colspan="2"></th></tr>
<tr><th rowspan="2">심리 상담</th><th rowspan="2">능력단위
(학습모듈명)</th><th rowspan="2">능력단위요소
(학습명)</th><th colspan="2">이수 교과명</th></tr>
<tr><th>3급 교과명</th><th>2급 교과명</th></tr>
<tr><td rowspan="6"></td><td rowspan="6">개인심리치료상담
0702030104-15V1</td><td>상담구조화화하기
0702030104-15V1.1</td><td rowspan="6">• 심리 상담 이론 및 실제
• 심리 상담의 핵심원리와 기법</td><td rowspan="6">• 심리 상담 이론 및 실제
• 심리 상담의 핵심원리와 기법
• 실시가 용이한 표준화된 심리검사</td></tr>
<tr><td>상담관계 형성하기
0702030104-15V1.2</td></tr>
<tr><td>사례 개념화하기
0702030104-15V1.3</td></tr>
<tr><td>상담목표 수립하기
0702030104-15V1.4</td></tr>
<tr><td>상담진행하기
0702030104-15V1.5</td></tr>
<tr><td>상담종결하기
0702030104-15V1.6</td></tr>
</table>

CONTENTS
차 례

인성지도 및 상담

교과명 1 성격 및 적성검사

CHAPTER 01

인성심리 적성검사하기

Personality coaching and counseling

인성 지도 및 상담

교과명 1 성격 및 적성검사

개 요

사람은 얼굴 생김새가 모두 다르듯 똑같은 성격도 없다. 심지어 모습이 비슷한 쌍둥이도 타고난 성격이 다르며 이에 따라 하는 행동도 제각기 다르다.
이 장에서는 나의 성격과 행동유형을 이해하고 유형별 특성을 이해함으로써 나와 남이 서로 다름을 이해하는 한편, 타인과의 원만한 인간관계를 위한 유형별 선호환경 조성과 유형별 바람직한 모습으로의 개선 노력에 대한 방법을 제시하고자 한다.

학습목표

<일반목표>

- 성격 및 적성검사에 따라 인성과 가치관을 수립할 수 있다.
- 자기이해의 중요성을 알고 자신에 대하여 구체적으로 분석할 수 있다.
- 성격 및 적성검사에 따라 타인과의 관계를 통하여 자기 자신을 발견할 수 있다.

<세부목표>

- 나의 성격과 행동유형을 인식하고 더 바람직한 모습으로 개선한다.
- 자아 발견을 통하여 타인과 교류하고 원만한 대인관계를 형성한다.
- 서로 다름을 인식하고 상호이해와 협조 속에 조직의 활성화에 기여한다.

주요 용어

성격 및 행동 유형, 독수리형, 원숭이형, 진돗개형, 고슴도치형, 선호 환경, 유형별 조화표, 선호 직업, 효과 증진

1. 성격 및 행동유형 이해하기

본 프로그램은 환경에 대한 인간의 인식으로부터 인간행동을 이론화한 William Mouston Marston 박사의 연구결과를 토대로 미국의 Carlson Learning 사와 쟌가이어(John Geier) 박사의 연구팀이 공동으로 개발하여 보급한 4가지 행동유형을 응용한 것이다.

따라서 자아 상태를 4가지 유형에 따라 진단, 분석, 도식화함으로써 자신의 참모습을 이해하도록 한다. 또한 타인의 성격특성과 행동유형을 이해하고 상호 간의 바른 인간관계 형성에 도움을 줄 수 있다. 이러한 과정을 통하여 각 유형간 강점과 단점을 발견하고, 서로 보완함으로써 관계 형성은 물론 조직 활성화에 큰 도움을 줄 수 있다.

1) 성격 및 행동 유형

E(독수리 Eagle)	M(원숭이 Monkey)	J(진돗개 Jindo Dog)	H(고슴도치 Hedgehoggy)
행동대장	분위기 메이커	협조자, 충성파	분석가, 전략가

2) 유형별 특성

(1) E(독수리 Eagle)형-이미지: 행동대장

① 욕구의 원천: 성취하고 지배하며 도전하려는 성향

② 관리능력과 리더십이 탁월한 지도자이다.
리더십이 강하고 조직을 관리하는 능력이 탁월한 지도자이다.

③ 결과 지향적이고 성취 욕구가 강하다.
일을 하면 반드시 성과를 내고 끝장을 봐야 하며, 성취 욕구가 강하다.

④ 속전속결을 생명으로 한다.
일 처리가 빠르고 일사천리로 단숨에 해내야 직성이 풀린다.

⑤ 결단력이 있고 용감하다.
결단력이 있고 망설이지 않으며 두려워하지 않는다.

⑥ 변화를 즐기며 다양한 활동을 왕성하게 한다.
항상 도전하고 새로운 일을 찾으며 다양한 활동을 한다.

⑦ 직선적이고, 단도직입적이다.
속에 담지 않고 그때그때 말하며 시원시원하다.

⑧ 성취 욕구가 강하며 경쟁적이다.
지는 꼴을 못 보며 성취욕구가 강하다.

• E(독수리 Eagle)형 사례

독수리형의 대표적인 사례로 현대그룹 고(故) 정주영회장(1915.11.25~2001.3.21)을 들 수 있다. 그의 인생은 그 자체가 무(無)에서 유(有)를 창조한 신화 같은 인물이다. 그는 가난한 농가에서 태어나 네 번씩이나 가출하고, 서울로 올라와 복음상회라는 쌀가게 배달원으로 취직했다. 그러다 쌀가게 주인으로부터 쌀가게를 인수하고 사장이 되었다. 해방 후 그는 현대건설을 설립하고 본격적인 사업을 시작한다. 점차 사업을 확장하여 현대건설, 현대자동차, 현대중공업, 현대조선 등 굴지의 기업을 설립하고, 현대그룹을 한국 대표 기업으로 육성하였다. 수많은 일화가 많지만, 그의 성향을 나타내는 대표적인 말 한마디는 "해보기나 했소?"라는 말이다. 해보지도 않고 부정적인 건의를 하는 임직원을 질타하는 주도형 다운 표현이다. 말보다는 늘 행동으로 실천했고 행동으로 보여 주었다.

(2) M(원숭이 Monkey)형-이미지: 분위기 메이커

① 욕구의 원천: 낙천적 성격으로 즐겁게 행동하며 인생을 즐긴다.

② 낙천적이고 생동감이 있다.
일을 즐거워하며 새로움을 추구하고 긍정적이다.

③ 재미있는 것을 좋아하고 감정표현이 풍부하다.
말을 잘하고 즐겁게 이야기하며 표현력이 풍부하다.

④ 칭찬과 인정받기를 원한다.
인정을 못 받으면 의욕이 떨어지고 늘 자신을 띄워주기를 바란다.

⑤ 사람 중심적이다.
곁에 항상 누군가 있어야 하고 어울려야 하는 사람 중심적이다.

⑥ 사람들을 끌어모아 모임을 주도한다.
주변에 사람들이 없으면 힘들어하고 늘 사람들을 끌어모은다.

⑦ 설득력이 강하고 열정적이다.
다른 사람을 잘 설득하며 지칠 줄 모른다.

⑧ 즐거운 분위기를 만들며 분위기 메이커이다.
분위기를 주도하고 즐거운 분위기를 만든다.

• M(원숭이 Monkey)형 사례

원숭이형의 대표적 사례로 노홍철을 꼽는다. 그는 1979년생으로 2004년 Mnet 'Dr. sh KIN 길거리' 일명 '노 박사 클리닉'으로 데뷔했다. 데뷔 당시 그의 쉴 새 없이 쏟아져 나오는 따발총 같은 멘트는 단숨에 주위의 눈길을 사로잡았다. 그 후 지상파 방송에서도 그는 자유 분망하고 톡톡 튀는 성향을 유감없이 발휘했다. 〈무한도전〉, 〈유재석·김원희의 놀러 와〉 등 인기 프로에 고정 멤버로 출연하며 "좋아 가는 거야!"라는 유행어를 히트시키기도 했다.

(3) J(진돗개 Jindo Dog)형-이미지: 협조자, 충성파

① 욕구의 원천: 안정적인 생활을 추구하며 서로 협력하고 좋은 세상을 갈구한다.

② 협조적이며 배려하고 지지한다.
나서는 것보다는 다른 사람을 지지하고 협조적이다.

③ 변함이 없고 꾸준하다.
변함이 없고 꾸준하며 자기 일을 묵묵히 한다.

④ 친근감이 있고 겸손하다.
누구에게나 거부감이 없이 친근감이 있고 겸손한 태도로 대한다.

⑤ 어디서나 헌신적이다.
어디서 무엇을 하든 늘 헌신적으로 봉사한다.

⑥ 책임감이 강하고 성실하다.
맡은 업무에 대해서는 책임감이 있으며 성실하다.

⑦ 팀워크와 동료애를 중요시한다.

함께 일하는 동료들을 아끼며 팀에 적극적으로 협조하고 지지한다.

⑧ 충성스럽고 남을 잘 섬긴다.

배반하지 않고 충직하게 끝까지 잘 섬긴다.

• J(진돗개 Jindo Dog)형 사례

영화 '국제시장(윤제균 감독, 황정민 주역(2014))'은 그때 그 시절, 오직 가족을 위해 굳세게 살아온 우리들의 아버지 이야기가 담겨 있다. 1950년대 한국전쟁 이후 격변의 시대를 살아온 우리 시대 아버지 '덕수'는 전쟁 통에 헤어진 아버지를 대신해 가족의 생계를 꾸려나간다. 그는 이역만리 독일에 광부로, 전쟁터인 베트남에 기술 근로자로 파견되어 자신을 희생하고 헌신한다. 그는 하고 싶은 것도 되고 싶은 것도 많았지만 평생 단 한 번도 자신을 위해 살아본 적이 없다. 노년이 되어 겨우 조그만 꽃가게인 '꽃분이네' 가게를 열게 된다. 마지막 장면에서 백발이 된 덕수는 자신의 방으로 돌아와 돌아가신 아버지에게 말을 전한다. "아버지 내 약속 잘 지켰지예, 이만하면 내 잘 살았지예. 근데 내 진짜 힘들었거든예"라는 명대사를 남긴다. "당신 인생인데 왜 당신의 인생은 없느냐"는 대화에서도 우린 자신을 희생하고 헌신하는 진돗개형의 단면을 보게 된다.

(4) H(고슴도치 Hedgehoggy)형-이미지: 분석가, 전략가

① 욕구의 원천: 신중하고 분석하며, 원리원칙에 충실한 삶을 산다.

② 계획적이고 체계적이다.

빈틈이 없고 업무처리에 있어 체계적이다.

③ 핵심적인 세부 사항에 주의를 기울인다.

세심하고 주의력이 높으며 세부적인 핵심사항을 놓치지 않는다.

④ 논리적이고 분석적인 과정을 선호한다.

철저하고 합리적이며 분석적인 과정을 선호한다.

⑤ 정리정돈을 잘하며 정확하다.

무질서를 싫어하며 항상 제자리에 있어야 하고 정확하다.

⑥ 객관적으로 비평하는 태도를 보인다.

치우치지 않고 객관성이 있으며 철저하게 분석하고 비평한다.

⑦ 올바른 방법으로 일하며 유능하다.
실수가 없고 바르게 일하며 빈틈없이 완수한다.

⑧ 기준이 높고 신중하다
자신의 기준이 높고 신중하여 한 치의 오차도 허용하지 않는다.

• H(고슴도치 Hedgehoggy)형 사례

JTBC 손석희는 현재 '언론인·직장인 선정, 가장 영향력 있는 최고의 존경할 만한 인물 1위'인 현역 앵커이다. 1956년 6월생으로 1984년 MBC 앵커로 방송에 입문했다. 입사 3년 만에 MBC를 대표하는 아나운서로 자리매김한 그는 날카로운 분석과 질문으로 국민의 궁금증을 풀어주고, JTBC로 자리를 옮겨서도 여전히 현재 진행형 앵커다. 그를 신중형으로 평가하는 대사가 있다. "문제의식이 있어야 문제가 발견되고, 문제를 발견해야 문제를 제기할 수 있고, 문제를 제기해야 문제가 해결된다."

3) 유형별 선호환경

(1) E(독수리 Eagle)형-행동대장

① 행동 지향적 환경
② 도전과 성공의 기회가 있는 환경
③ 권위와 힘이 제공되는 환경
④ 결과가 확실하고 분명히 제공되는 환경
⑤ 경쟁할 수 있는 목표가 있는 환경
⑥ 통제와 감독으로부터 자유로운 환경
⑦ 다양하고 새로운 환경

(2) M(원숭이 Monkey)형-분위기 메이커

① 인정받고 칭찬받을 수 있는 환경
② 능력에 대해 인정받는 환경
③ 자유롭고 우호적인 환경
④ 자유롭게 활동할 수 있는 비공식 조직이 있는 환경

⑤ 통제받지 않고 간섭이 없는 자유로운 환경
⑥ 상담하고, 조언해 줄 수 있는 환경
⑦ 새롭고 흥미로운 것을 추구할 수 있는 환경

(3) J(진돗개 Jindo Dog)형-협조자, 충성파
① 변화를 예측할 수 있는 안정된 환경
② 자신이 한 일에 정당한 평가가 이루어지는 환경
③ 소속감이 있고 가족 같은 분위기가 있는 환경
④ 일 때문에 가정생활이 침해받지 않는 환경
⑤ 업무가 표준화되어 있어 절차가 있는 환경
⑥ 화합이 잘 되고 갈등이 적은 환경
⑦ 안정되고 체계가 잡힌 환경

(4) H(고슴도치 Hedgehoggy)형-분석가, 전략가
① 작업환경이 구조화되어 있는 환경
② 품질, 정확성을 가치 있게 여기는 환경
③ 업무 수행에 대한 기준이 명확한 환경
④ 전문성을 입증할 수 있는 환경
⑤ 간섭받지 않고 혼자서 능력을 발휘할 수 있는 환경
⑥ 정리정돈이 잘 되고 체계화된 환경

2. 조합이 잘 맞는 사람

1) E(독수리 Eagle)형-행동대장
① 편향적이지 않고 신중한 사람
② 장애 요인과 위험요인을 고려하는 사람
③ 예측 가능한 환경을 조성하고 신중한 사람
④ 확인하고 점검하는 꼼꼼한 사람
⑤ 심사숙고해서 결정하는 사람

⑥ 다른 사람의 욕구를 인식하는 사람

2) M(원숭이 Monkey)형-분위기 메이커

① 들뜨지 않고 집중해서 일하는 사람
② 속내를 감추지 않고 오픈된 사람
③ 성실성을 존중하는 사람
④ 체계적으로 일을 추진하는 사람
⑤ 사실을 추구하고 논리적인 접근을 취하는 사람
⑥ 자신이 책임진 일은 반드시 완성하는 사람

3) J(진돗개 Jindo Dog)형-협조자, 충성파

① 변화에 신속히 대응하는 사람
② 힘든 과제도 기꺼이 받아들이고 도전하는 사람
③ 두려움 없이 일을 추진하는 사람
④ 예측할 수 없는 상황에서도 편안하게 일하는 사람
⑤ 우선순위에 따라 매사 일을 도와주는 사람
⑥ 일을 원만하게 처리하는 사람

4) H(고슴도치 Hedgehoggy)형-분석가, 전략가

① 중요한 업무를 위임할 수 있는 사람
② 결단력이 있고 의사결정이 빠른 사람
③ 가이드라인만으로 정책을 수행하는 사람
④ 갈등상황을 조정하고 타협할 수 있는 사람
⑤ 대화를 통하여 협력을 촉진하는 사람
⑥ 팀워크를 격려하는 사람

3. 각 유형별 조화표

유형	상대유형	조합	비고
E(독수리 Eagle) –행동대장	E(독수리 Eagle) –행동대장	good	
E(독수리 Eagle) –행동대장	M(원숭이 Monkey) –분위기 메이커	good	
E(독수리 Eagle) –행동대장	J(진돗개 Jindo Dog) –협조자, 충성파	normal	반대 성향이나 J가 양보
E(독수리 Eagle) –행동대장	H(고슴도치 Hedgehoggy) –분석가, 전략가	bad	E는 H의 질문을 도전으로 받아들임
M(원숭이 Monkey) –분위기 메이커	M(원숭이 Monkey) –분위기 메이커	best	
M(원숭이 Monkey) –분위기 메이커	J(진돗개 JindoDog) –협조자, 충성파	normal	속도의 차이
M(원숭이 Monkey) –분위기 메이커	H(고슴도치 Hedgehoggy) –분석가, 전략가	bad	M는 H의 질문을 난처하게 받아들임
J(진돗개·Jindo Dog) –협조자, 충성파	J(진돗개 Jindo Dog) –협조자, 충성파	best	
J(진돗개·Jindo Dog) –협조자, 충성파	H(고슴도치 Hedgehoggy) –분석가, 전략가	best	
H(고슴도치 Hedgehoggy) –분석가, 전략가	H(고슴도치 Hedgehoggy) –분석가, 전략가	good	

4. 유형별 선호 직업

E(독수리 Eagle)–행동대장

사장/군인/감독/지도자/기업인/교사/운동코치/정치가/경찰/PD/집단의 두목

M(원숭이 Monkey)–분위기 메이커

영업사원/연예인/방송인/쇼핑몰사업/성직자(설교)/강사/홍보/개그맨/약장수/세일즈맨

J(진돗개 · Jindo Dog)–협조자/충성파

분석가/경리/엔지니어/음악가/건축설계/과학자/통계원/법률가/ 학자

H(고슴도치 Hedgehoggy)–분석가/전략가

은행원/비서/사회사업가고객서비스/유아교육과상담원/간호사/요리사

5. 유형별 바람직한 효과 증진 방안

1) E(독수리 Eagle)형-행동대장

① 상대를 배려하고 항상 역지사지의 생각을 한다.
② 서로의 도움이 필요하다는 것을 인식한다.
③ 자신의 실제 경험에 의한 기술을 활용한다.
④ 성취와 결과에 대해 지나치게 집착하지 않는다.
⑤ 너무 독단적으로 하지 않고 팀워크를 중시한다.
⑥ 일하는 과정에 대해 소통을 하고 협조를 구한다.
⑦ 성급하게 서두르지 않고 여유를 갖는다.

2) M(원숭이 Monkey)형-분위기 메이커

① 차분하고 집중하는 능력을 증진한다.
② 기분에 치우치지 않고 객관성 있게 의사결정을 한다.
③ 체계적인 관리와 경영의 효율성을 인식한다.
④ 타인을 보다 현실적으로 평가한다.
⑤ 우선순위와 효율성 있는 일 처리로 기준일을 지킨다.
⑥ 시작과 끝을 분명히 하고 결단력 있게 행동한다.

3) J(진돗개 Jindo Dog)형-협조자, 충성파

① 변화에 적극적으로 대처한다.
② 자신의 가치를 인식하고 존중하며 자신감을 갖는다.
③ 매번 “예”라고 하지 말고 “아니오”를 말한다.
④ 자신과 유사한 능력과 성실함을 보이는 사람과 일한다.
⑤ 업무를 성취하기 위한 가이드라인을 만든다.
⑥ 창의적인 면을 격려한다.

4) H(고슴도치 Hedgehoggy)형-분석가, 전략가

① 자신의 의사 표현을 분명히 하고 주장한다.

② 주위 사람에게 관심을 갖고 지지하며 협력한다.

③ 계획과 자료수집에 너무 집착하지 않는다.

④ 이웃과 소통하며 업무를 추진한다.

⑤ 업적 성취만큼이나 사람들의 개인적 가치를 존중한다.

⑥ 인내심을 갖고 갈등상황에 대처한다.

성인 지도 및 상담

<실습/토의>

Personality coaching and counseling

1. 자신의 행동 유형 검사

2. 행동 유형별 팀 편성/활동

가. 소요시간/장소: 150분/실내 팀 활동 가능한 장소

나. 실습 팀 편성: 팀별 5~10명

다. 준비물: 검사지, 전지 팀당 1장, 크레파스, 칼라펜, 스카치테이프 등

활동내용(30분)

- 각 팀별로 전지 한 장씩을 배부하고 둥글게 모여 앉는다.
- 팀원 간 토의를 통해 다음의 내용을 전지에 옮겨 적는다.
  - 상단 중앙에 팀명을 정해서 제일 먼저 적는다.
  - 팀 상징물을 그리고, 팀 슬로건 또는 구호를 적는다.
  - 팀원의 토의로 각 팀의 장단(강점)점과 약점을 5개 이상씩 적는다.
  - 팀을 상징하는 팀가와 율동을 정한다(팀가는 일반 노래에 개사곡)
- 발표자를 선정하여 발표 준비를 하도록 한다.

3. 팀 발표 및 토의

발표순서

- 각 팀별로 작성한 작품을 정면에 부착한다.
- 팀별 발표순서와 발표요령을 설명한다.
  - 발표순서
    E유형(독수리) → M유형(원숭이) → J유형(진돗개) → H유형(고슴도치)
  - 발표순서
    ① 차렷, 경례 ② 작품 내용 발표(팀 구호 포함) ③ 주제가 합창 - 율동과 함께
    ④ 차렷, 경례 → 퇴장

인성 지도 및 상담

<핵심정리>

Personality coaching and counseling

1. 우리는 자신만의 독특한 특성이 있다. 그것이 타고난 것이든 자라오면서 환경에 의해 만들어진 것이든 각자의 성격이나 행동유형으로 자리를 잡았다. 자신의 성격이 자신의 마음에 쏙 드는가 하면, 어떤 때는 자신이 생각해도 그렇지 않을 때도 있다. 나뿐만 아니라 다른 사람도 크게 다르지 않을 것이다. 그러기에 관계가 쉽지 않은 것이다. 그러나 나를 알고 상대를 알면, 서로 이해하고 양보하며 조화를 이룰 수 있다.

2. 고대 그리스의 페리클레스 시대 의사이며 전통적 의학의 아버지로 불리는 히포크라테스는 사람의 기질을 4가지로 분류하여 담즙질, 흑담즙질, 다혈질, 점액질로 나누었다. 기질에 따라 사람의 성격유형이 다르게 나타난다고 하였다. 물론 그 체액설에 대한 비판이 있지만, 사람의 성격과 행동에 대한 궁금증은 오래 전부터 있었던 것이 사실이다. 그 후 더욱 체계적이고 과학적인 진단법인 MBTI나 에고 그램(Ego gram), 에니어그램, DISC 등을 통한 성격 및 행동유형 기법이 개발되어 활용되고 있다.

3. 자신의 성격과 행동유형을 알았다고 해서 그것이 모든 것을 결정해 주지는 않는다. 인간에게는 '자유의 의지'가 있어 전혀 다른 방향으로 행동할 수도 있고 페르소나(persona)의 가면을 쓰고 표현하지 않을 수도 있다. 단지 생활에서 자신의 성격과 행동이 보편적으로 나타날 뿐이다. 자신의 성격과 행동유형을 아는 일은 어떠한 상태에서 자신의 감정을 통제하고 다스려 타인과의 관계에 도움이 되기 때문에 중요한 일이다.

4. 이제부터는 자신의 강점은 바람직한 방향으로 더욱 살리고 부족한 점은 개선하고 노력하여, 한 발짝씩만 양보하도록 노력해 보자.
   훨씬 더 동료가 소중하고 서로에게 소중한 존재가 되어 새로운 조직 문화를 만들어 갈 수 있을 것이다. 동료에게 손을 내밀어 악수하면서 이렇게 이야기하고 격려해 보자. "당신은 나에게 소중한 존재야! 그리고 당신은 참 멋져!"

검사지

<자신의 행동 유형 검사>

※ 다음 질문은 5점 척도로 되어 있습니다. 잘 읽고 해당하는 점수를 빈칸 안에 적어 주십시오. 희망 사항이 아니라 현재 자신의 있는 그대로를 솔직하게 적으시면 됩니다. 깊이 생각하지 마시고 떠오르는 답을 쓰시면 됩니다.

1	그렇지 않다.	2	대체로 그렇지 않다.	3	그저 그렇다.	4	자주 그렇다.	5	늘 그렇다.

• 빈 칸(□)에 숫자를 기재해 주십시오.

질문문항	1	2	3	4
1. 나는 말을 많이 하는 달변가인 편이다.	■	■	□	■
2. 나는 상사를 진심으로 모신다.	■	■	■	□
3. 나는 약속은 지키라고 있는 것으로 생각한다.	■	□	■	■
4. 나는 두려워하지 않고 새로운 것을 추구한다.	□	■	■	■
5. 나는 계획 준비 과정을 거쳐 실행한다.	■	□	■	■
6. 나는 쉽게 결정하고 행동한다.	□	■	■	■
7. 나는 모임에서 분위기를 띄운다.	■	■	□	■
8. 나는 실수는 누구나 할 수 있는 것으로 생각한다.	■	■	■	□
9. 나는 내가 갈 방향을 정확히 세운다.	□	■	■	■
10. 나는 리더의 자질이 있다.	□	■	■	■
11. 나는 새롭고 어려운 일을 잘해내고 겁내지 않는다.	■	■	□	■
12. 나는 초지일관 변함이 없다.	■	□	■	■
13. 나는 남을 압박하거나 강요하지 않는다.	■	■	■	□
14. 나는 보스 기질이 있다.	□	■	■	■
15. 나는 원만한 인격의 소유자이다.	■	□	■	■
16. 나는 열린 마음으로 새로운 것을 즐긴다.	■	■	□	■
17. 나는 역지사지 마음으로 상대를 헤아린다.	■	■	■	□
18. 나는 마음 먹으면 반드시 행동으로 옮긴다.	□	■	■	■
19. 나는 업무처리에서 늘 신중하다.	■	□	■	■
20. 나는 어디든 쉽게 어울린다.	■	■	■	□
21. 나는 낯선 사람과도 잘 어울린다.	■	■	□	■
22. 나는 하는 일에 익숙하여 변화를 싫어한다.	■	■	■	□

질문문항	1	2	3	4
23. 나는 책임감이 강하다	□	■	■	■
24. 나는 책상 정리, 신발 정리를 잘한다.	■	□	■	■
25. 나는 과감하게 도전한다.	■	■	□	■
26. 나는 화를 잘 참고 고통을 견딘다.	■	■	■	□
27. 나는 남에게 지고는 못 산다.	□	■	■	■
28. 나는 혁신보다 보수적이다.	□	■	■	■
29. 나는 철저하고 세심하다.	■	□	■	■
30. 나는 사소한 것을 신경 쓰지 않는다.	■	■	□	■
31. 나는 매번 번복되는 일도 짜증 내지 않고 한다.	■	■	■	□
32. 나는 늘 나 자신에 용기를 북돋워 준다.	■	■	□	■
33. 나는 경청을 잘한다.	■	■	■	□
34. 나는 나의 의견을 확실히 표현한다.	□	■	■	■
35. 나는 원리원칙이 확실하다.	■	□	■	■
36. 나는 누가 시키지 않아도 헌신적으로 일한다.	■	■	■	□
37. 나는 사리분별을 잘한다.	■	□	■	■
38. 나는 자주 옷을 갈아입고 외출하기를 좋아한다.	■	■	□	■
39. 나는 리더십 있게 조직을 이끈다.	□	■	■	■
40. 나는 조직이나 팀에 협조적이다.	■	■	□	■
41. 나는 눈치를 잘 보고 주위를 많이 의식한다	■	■	■	□
42. 나는 아이디어가 많고 창의적이다.	■	■	□	■
43. 나는 자립심이 강하다	□	■	■	■
44. 나는 깊이 생각하고 분석한다.	■	□	■	■
45. 나는 성취 지향적이다.	□	■	■	■
46. 나는 철두철미하다.	■	□	■	■
47. 나는 코미디프로나 유머를 즐긴다.	■	■	□	■
48. 나는 속에 담지 않고 속 시원히 말한다.	■	■	■	□
49. 나는 전망을 긍정적으로 본다.	■	■	□	■
50. 나는 조심스럽고 작은 일도 신경 쓴다.	■	□	■	■
51. 나는 다른 사람과 다투지 않고 피한다.	■	■	■	□
52. 나는 치밀하게 계획하고 행동한다.	■	□	■	■
53. 나는 이웃이나 동료와 유대관계가 깊다.	■	■	■	□

질문문항	1	2	3	4
54. 나는 현실 있는 그대로만 인정한다.	■	□	■	■
55. 나는 행동함에 두려워하지 않고 실천한다.	□	■	■	■
56. 나는 쇠뿔도 단김에 빼야 한다고 생각한다.	□	■	■	■
57. 나는 일 처리 시 지침서를 찾아 과거 사례를 본다.	■	□	■	■
58. 나는 모든 것이 잘 될 것이라 믿는다.	■	■	□	■
59. 나는 현재 생활 이대로 만족한다.	■	■	■	□
60. 나는 내가 하고자 하는 일이 잘 될 것이라고 긍정적으로 생각한다.	■	■	□	■
합계점수				
	E	M	J	H

인성지도 및 상담

교과명 2 인성과 인성지도

교과명 3 회복탄력성(RQ)

교과명 4 품성론

CHAPTER 02

자기주도 계발하기

Personality coaching and counseling

인성 지도 및 상담

교과명 2 인성과 인성지도

개 요

지난 2015년 7월 21일 인성교육진흥법이 발효됨에 따라 인성교육의 중요성이 날로 높아지고 있다. 이 법에서는 인성교육을 '자신의 내면을 바르고 건전하게 가꾸고 타인·공동체·자연과 더불어 살아가는데 필요한 인간다운 성품과 역량을 기르는 것을 목적으로 한다'고 규정하고 있다. 핵심 가치와 덕목으로는 예(禮), 효(孝), 정직, 책임, 존중, 배려, 소통, 협동 등의 마음가짐이나 사람됨과 관련된 것을 꼽고 있으며, 핵심역량으로는 8개의 핵심가치와 덕목을 이해한 가운데 의사소통능력이나 갈등해결능력 등이 통합된 능력으로 규정하고 있다.

학습목표

<일반목표>

- 개인의 인성개발을 통해 건전한 도덕관·가치관을 함양하고 다함께 살아가는 협동의식과 소통능력을 강화하고, 이외에도 갈등을 효율적으로 관리하여 궁극적으로는 행복한 사회를 추구하는 데 그 목표를 둔다.

<세부목표>

- 인성에 대한 기본개념을 이해한다.
- 예, 효, 정직, 책임, 존중, 배려, 소통, 협동 등 8대 덕목의 개념을 이해한다.
- 8대 덕목을 실천하는데 필요한 리더십, 갈등해결능력을 충분히 숙지한다.
- 인간의 최종 목표인 행복한 삶을 추구하는 방법들을 실천한다.

주요 용어

인성, 인성지도, 정서교육, 가치교육, 도덕교육, 자기탐색, 예절, 리더십, 자존감, 배려, 협동, 정직, 책임, 존중, 의사소통, 갈등관리, 갈등해결

1. 인성의 개념

1) 인성이란 무엇인가?

인성이란 자신은 물론 개인, 집단 그리고 사회에 영향을 끼치는 품성, 개성, 기질, 인품 등을 일컫는 것으로 간주된다. 그러나 인성의 개념을 간결하고 명확하게 규정하는 것은 결코 쉬운 일이 아니다. 또한 인성을 보는 방향에 따라 변화가 가능한지 변화가 불가능한지가 결정되기도 한다. 일반적으로 철학적·윤리적 측면에서 인성은 인간애, 인간성, 인정, 자비애 등 'humanity'를 의미하는 말로써 인간의 타고난 천성(天性; human nature)으로 본다. 그렇다면 교육으로 변화를 유도한다는 것은 어렵다고 할 수 있다. 반면 교육학적·심리학적 측면에서 인성은 성격(性格)과 유사한 것으로 간주됨으로써 'personality'를 의미한다. 성격은 끊임없는 교육과 훈련으로 변화시킬 수 있다.

교육적 의미에서는 인성의 용어가 어떻게 규명되든 상관없이 '인성이란 교육을 통해 변화될 수 있는 행동특성이다'라고 봐야 된다. 성격은 사람의 기분, 태도, 의견을 포괄하며, 다른 사람들과의 상호작용 속에서 관찰되는 것으로써 각 개인의 특징을 나타내는 선천적·후천적 행동특성을 말한다. 인격(人格)이란 성격에 지적·도덕적 개념을 추가한 것으로서 선악을 판단할 수 있는 능력까지를 일컫는다. 성품(性品)은 성격에 인격적 요소를 가미하여 형성된다고 할 수 있다.

그렇다면 인성교육이란 성격에 인격적 요소를 불어넣어 성품이 고운 사람으로 변화시키는 과정이라 해석할 수 있을 것이다. 결론적으로 인성(人

性)은 인간 존재의 가장 근본적인 덕성으로서 삶 속에서 추구해야 할 공동체의 가장 중요한 덕목이다.

2) 인성교육이 왜 필요한가?

신경과학자들은 오랜 연구를 통해 머리 앞쪽에 위치한 뇌(腦), 즉 전두엽이 사람의 감정과 도덕성 등을 조절하는 기능을 한다는 것을 알게 되었다. 이 부위는 대립하는 생각들을 조율하고 선과 악, 같은 것과 다른 것을 구분하며, 현재나 미래의 여러 가지 가치를 비교·평가해서 인간의 행동을 통제한다.

인간의 두뇌는 일반적으로 3세 이전에 가장 빠른 발달과정을 겪는다. 이러한 점을 고려할 때, 3세에서 6세까지가 인성교육의 토대를 구축하는 가장 중요한 시기다. 그래서 '세 살 버릇 여든 간다'는 우리 속담이 뇌 과학적인 측면과도 일치하는 가장 정확한 표현이라 하겠다. 6세까지 도덕성의 개념을 파악하지 못한 아동은 성인이 되어서도 도덕성을 확립하기 어렵다. 결론적으로 11세쯤 되면 뇌 발달이 거의 완성된다.

그러나 전두엽(Frontal Lobe)과 전전두엽(Pre-frontal Lobe)만은 청소년기까지도 왕성한 발달을 한다. 전두엽은 뇌 부위 중 가장 늦게까지 발달을 지속하는 영역이라고 할 수 있다. 선과 악을 구분하는 올바른 가치관과 덕목, 태도 등을 심어주는 인성교육을 비교적 늦은 시기인 청소년기 이후에도 실시해야 하는 이유가 바로 이러한 뇌의 특성을 감안한 것이다. 또한 청·장년기 이후에도 지속적인 인성교육이 이뤄져야 하는 당위성은 전두엽의 특성 이외에도 기억의 저장성을 고려한 것이다. 기억은 과거의 것을 그대로 유지하는 것이 아니라 기억을 꺼내어 반복적인 학습을 하면 할수록 새롭게 보완·강화되어 저장될 수 있기 때문이다.

인성교육은 정서교육, 가치교육, 도덕교육을 하는 것으로서 올바른 인성 특성을 지닌 사람을 육성하는 것이 궁극적인 목표다. 즉, 사람답게 사는 방법을 가르치는 것이라 할 수 있다.

정신의학사에서 유명한 청년 피니어스 게이지 사례를 통해 전두엽에 인성에 어떠한 영향을 끼치는지 한 번 살펴보자. 1848년 미국 버몬트주 철도 공사 현장에서 25세 청년 게이지는 작업 중에 다이너마이트 폭발사고로 1m 길이의 쇠막대가 머리에 박힌다. 다행히 병원에 이송돼 큰 수술을 받은 그는 회복돼 업무에 복귀하지만 문제는 그의 성격이 완전히 바뀌었다는 것이다. 평소 성실하고 온유한 성격으로 주변 사람들에게 신뢰를 받았던 그는 화를 참지 못하고, 충동적이며 사람들과 쉽게 시비가 붙는 성격으로 바뀌었다. 담당의는 사고와 수술로 뇌의 전두엽 상당 부분을 잃은 것과 성격 변화 사이의 관계를 분석했고, 그의 사후엔 게이지의 두개골을 정밀 연구했다. 결국 게이지 사례로 전두엽 손상이 한 사람의 성격을 바꿀 수 있다는 것, 뇌의 변화가 사람의 성격에 영향을 미치는 물질적 기반이라는 것을 알게 된다. 이처럼 전두엽은 사리를 분별하고 정서적·도덕적으로 바른 판단을 내리는데 있어 매우 중요하다.

3) 인성의 구성요소는?

(1) 도덕성이다.

사람이 사람답게 살기 위해서는 도덕성을 지녀야 한다. ① 예(禮)와 ② 효(孝)는 도덕성을 이루는 근간으로, 인간으로서 반드시 지켜야 할 기본 법도인 것이다.

(2) 신뢰를 구축하는 규범이다.

인간은 홀로 존재할 수 없다. 더불어 사는 인간으로서 반드시 갖춰야 될 덕목은 ③ 정직(正直)하고, ④ 책임(責任)질 줄 알아야 한다. 또한 타인을 ⑤ 존중(尊重)하고, ⑥ 배려(配慮)할 줄 아는 자세가 필요하다.

(3) 인간관계의 상호작용이다.

사회성을 지닌 인간이 공통의 가치를 지니고 존재하기 위해서는 상호 공감을 통한 ⑦소통(疏通)과 서로 마음과 힘을 합하는 ⑧ 협동(協同)일 것이다.

2. 나를 알고 타인을 알기

1) 성격요인 분석이 정말 필요한가?

성격을 안다는 것은 특정 상황에서 개인이 어떻게 행동하는지를 예측할 수 있게 해 준다. 그래서 나의 성격과 타인의 성격 유형을 아는 것이 갈등을 예방하는 데 중요하다. 상대방의 성격을 알면 문제행동이 발생해도 쉽게 이해할 수 있고, 그에 따른 대처법을 재빨리 찾아낼 수 있기 때문이다. 즉, 인간관계를 원활히 유지하기 위해 성격유형 분석이 반드시 필요하다.

2) 성격요인 분석 기법

(1) 에고그램: 나의 성격, 너의 성격 유형을 아는 방법

(2) 디스크(DISC): 나와 타인의 성격을 4가지 유형으로 분류하여 파악하는 방법

(3) 조해리의 창: 타인이 바라보는 나

3. 리더십

1) 리더십이란?

리더십(leadership)은 집단의 사기를 고취시키고 단결을 도모하는 등 집단 내의 상호작용을 촉진시켜 단체생활에서의 일정한 목표를 달성하도록 방향성을 조성하는 것이라 할 수 있다. 전통적인 관점에서 리더십은 집단의 공동 목표를 달성하기 위해 구성원들에게 동기를 부추기고 영향력을 행사하는 과정이다. 현대적 의미의 리더십은 조직과 집단의 공동 목표 달성을 위해 구성원들의 자발적 동기를 유발하고, 구성원으로서의 역할을 스스로 수행하도록 유도하는 과정이다.

2) 리더십 이론의 접근방법은?

(1) 특성론적 접근: 리더의 능력은 타고나는 것이라고 믿는다.

(2) 행동론적 접근: 지도자의 효과성은 지도자의 행동유형에 따라 달라진다.

(3) 상황적응론적 접근: 지도자의 효과성은 상황 적응능력에 따라 달라진다.

(4) 현대의 뉴리더십: 변혁적 리더십, 카리스마적 리더십, 문화적 리더십, 도덕적 리더십, 감성 리더십, 서번트 리더십, 셀프 리더십 등이 있다.

3) 리더십의 유형은?

(1) 거래적 리더십(transactional leadership): 리더가 추종자들에게 업무수행의 대가로 보상을 해주는 양자 간의 상황적 보상과 예외적 관리, 즉 교환관계에 의해 성립되는 지도성(指導性)이다. 특성론, 행동론, 상황론 등을 통칭한다.

(2) 변혁적 리더십(transformational leadership): 솔선수범하는 모범적 지도자로서 사람들로부터 강렬한 추종의 감정을 이끌어내 체계적으로 변형시키는 지도성이다.

(3) 감성 리더십(emotional leadership): 지도자가 자신과 타인의 내면을 파악, 구성원의 감성을 이해하고 배려하는 가운데, 조직원들과의 관계를 밀접하게 만들어 조직의 감성역량을 높이는 것이다.

(4) 서번트 리더십(servant leadership): 구성원들을 존중하며 기회를 제공하는 등의 섬기는 자세로 다가가 구성원들이 능력을 발휘하도록 유도하여 조직과 조직 구성원들이 성장하도록 돕는 것이라고 할 수 있다.

4) 리더십 적용단계는?

(1) 지식(knowledge)단계: 태도를 변화시키기 위한 정보 또는 노하우를 익히며 리더십의 흐름과 기본이론을 숙지한다.

(2) 태도변화(attitude change)단계: 개인의 잠재능력과 도전 의식을 개발하고 개인의 변화 프로젝트를 시작한다.

(3) 연습(practice)단계: 습득한 지식을 실생활에 적용하는 실전훈련과정이다.
(4) 습관(skill development)단계: 습관화를 통해 리더십의 변화를 창조, 정착화시키는 과정이다.

4. 예절과 효도

1) 예절이란?

예절(禮節)은 예의범절의 줄임말로 인간관계에서 규범이나 도리에 맞는 질서와 절차에 따라 상대방에게 존경이나 존중을 표하는 말투나 몸가짐을 의미한다. 예의(禮儀)는 인간관계에서 경의를 표하는 말투나 몸가짐을 의미하며, 범절(凡節)은 예의나 법도에 맞는 절차나 질서를 뜻하기 때문이다.

일상에서 지켜야 하는 예절이란 모름지기 몸에 밸 정도로 익숙해져야 한다. 최소 3개월 정도 예절을 지키는 연습을 반복한다면, 그 태도가 몸에 배어들어 습관으로 정착될 가능성이 높다.

예절이란 상대를 공경하여 높이고 동시에 나를 낮추는 정신의 표현으로 사회적 관습이자 인간관계를 원만하게 해주는 윤활유와 다름없다. 예절을 격식이 까다롭고 힘들다고 생각하지 말고 자신의 몸에 익히도록 노력해보자. 주위 사람을 배려하는 인성을 갖게 되면 손해 볼 것이 없지 않은가.

2) 효도란?

身體髮膚 受之父母 不敢毁傷 孝之始也
(신체발부 수지부모 불감훼상 효지시야)
立身行道 揚名於後世 以顯父母 孝之終也
(입신행도 양명어후세 이현부모 효지종야)

사람의 몸과 머리카락과 피부는 부모에게서 받은 것이니 감히 이것을 손상시키지 아니함이 효의 시작이며, 몸을 바로 세워 올바른 길을 실천하고 이름을 후세에 드날려서 부모의 이름이 드러나게 하는 것이 효도의 끝이니라.

공자(孔子)와 그의 제자 증삼(曾參)의 문답 중에서 효에 관한 구절들을 추려 기록하여 만든 '효경'에 기록된 말이다. 이 구절에 따르면 부모로부터 받은 자신의 몸을 소중히 해 부모에게 걱정을 끼치지 않고 후세에 출세하여 부모님께 영광을 드리는 것을 효도의 완성으로 본 것이다. 또한 공자는 효를 '만덕(萬德)의 근원이요, 백행(百行)의 원천이다'라고 말함으로써 모든 행동의 근본이 효에서 시작된다고 보았다. 특히 효의 중요성을 강조한 나머지 다른 모든 덕행을 효에 종속시키는 경향까지도 보여줬다.

공자는 "효(孝)로서 임금을 섬기면 곧 충(忠)이 되며, 공경하는 마음으로 윗사람을 섬기면 곧 순(順)이 된다"라며 개인과 가정의 윤리를 사회와 국가로 확장시켜 충효사상으로 발전시키기도 하였다. "군자가 부모를 효성으로 섬기기 때문에 그 마음을 임금에게 옮겨 충성을 다할 수 있으며, 형을 공경하여 섬기기 때문에 그 마음을 어른에게 옮겨 순종할 수 있으며, 집에서 집안을 잘 다스리기 때문에 그 마음이 관직에 옮겨져 정치를 잘 할 수 있다"고도 했다.

한편 그리스도교의 10계명에서 지적한 '네 부모를 공경하라'는 계율은 세상에 만연해 있는 효 경시 풍조를 예방하도록 선제적 조치를 취한 것으로 보인다. 예수께서도 십자가에 못 박혀 돌아가시기 전에 자신이 사랑하던 제자 요한에게 어머니 성모 마리아를 부탁하지 않았는가!

5. 정직과 책임

1) 정직성이란?

정직성(正直性)이란 거짓이나 꾸밈이 없이 마음에서 우러나오는 개인 본연의 특성으로서 상대방에게 믿음과 신뢰를 주는 것이다. 사람이 정직하지 못하다면 무슨 일을 하든 상대방으로부터 신뢰를 받지 못하기 때문에 인간관계에서 실패할 가능성이 매우 높다. 보이지 않는 내면의 깊은 것까지 믿고 신뢰하게 만드는 것이 바로 정직이다.

2014년 12월 2일 홍사단 투명사회운동본부가 전국 직장인 1,000명을 대상으로 실시한 '2014 성인 정직·윤리인식 조사' 결과 성인의 정직지수가 100점 만점에 58.3점으로 나타났다. 그렇다면 41.7%는 부정직하다는 얘기다.

현대를 사는 사람들은 치열한 경쟁사회에서 살아남기 위해 때로는 거짓말과 위선으로 상대를 속이는 경우가 허다하다. 그러나 이러한 행위는 그 당시에는 통할지 모르나 장기적으로는 거짓임이 밝혀져 오히려 신뢰에 금이 갈 수 있음을 알아야 한다. 정직은 보이지 않는 영향력(invisible influence)을 행사한다. 그래서 정직을 생활화하는 인성교육이 필요하다 하겠다.

2) 책임감이란?

책임감(責任感)은 '맡아서 해야 할 일들을 최선을 다해 모범적으로 수행하는 태도'를 말한다. 고대 그리스의 철학자 아리스토텔레스(Aristoteles, BC 384~BC 322)는 일찍이 "인간은 사회적 동물이다"라고 말했다. 이것은 인간이 사회생활을 영위하기 위해서는 자신이 맡은 의무를 다해야 사회가 유지됨을 간접 시사한 것이다. 인간관계에서 의무를 다한다는 것은 그만큼 책임감을 갖고 자신에게 부여된 일을 행한다는 뜻이리라.

책임을 다하기 위해서는 자신에게 주어진 일을 중요(importance)하다고 생각해야 하며, 자신이 맡은 일을 끝까지 해내고야 말겠다는 열정(dedication)과 주인의식(ownership)이 필요하다.

지난 2009년 1월 15일 뉴욕 라과디아 공항에서 이륙한 US Airway 1549편 여객기가 이륙한지 3분 만에 허드슨 강에 추락했다. 엔진에 거위 떼가 빨려 들어가 이 같은 사고가 발생한 것이었다. 체감온도 영하 15℃의 추위 속에서 승객들은 승무원들의 안내에 따라 침착하게 노란색 구명조끼를 입고 동체 위로 올라가 구조를 기다렸다. 비행기가 추락한 지점은 맨해튼 47번가 미드타운과 뉴저지 리버에지의 고층건물들 사이의 허드슨 강 남단이어서 조종사가 강물 쪽으로 기수를 돌리지 않았더라면 대형참사로 이어질 수 있었다. 조종사가 기지를 발휘해 맨해튼 고층건물들을 피해 강으로 비상착륙을 시도한 것이었다. 그 외에도 승무원들이 책임감을 갖고 침착하게 안내하여 승객 148명과 승무원 5명 전원이 구조된 것이었다. 조종사와 승무원들의 책임의식이 허드슨 강의 기적을 만들어 낸 사례였다.

반면 지난 2014년 4월 16일 발생한 진도 앞바다 세월호 침몰사고는 선장과 승무원들의 책임의식 부재로 수학여행 중인 학생들은 배에 남겨둔 채 먼저 살겠다고 도망친 사건이 벌어졌다. 주어진 일에 최선을 다해야 되는 책임의식이 제대로 발휘되지 않은 데서 발생한 대형 참사였다.

6. 존중과 배려

1) 존중의 의미는?

존중(尊重)이란 '마음에 상대방이나 자신 등에게 애정과 존경심을 갖고, 말과 행동으로 높게 평가하여 대하는 것이다'라고 정의를 내리는 것이 타당할 것이다. 나에 대한 존중은 자존감(self-esteem)으로 나타나고, 타인에 대한 존중은 배려(consideration)가 전제된다.

2) 배려란?

배려(配慮)는 도와주거나 보살펴 주려는 마음이나 행동을 나타낸다. 광의적(廣義的) 의미로 살펴본다면 대상이 사람에 한정되지 않고 사물이나 자연환경까지의 상호작용으로 그 영역을 확대할 수 있다.

요즘처럼 자신이 옳다고 주장하는 사람들이 많은 시대적 조류를 반영해 본다면 남의 말을 주의 깊게 경청(敬聽)해 주는 것도 배려의 한 방법이다. 사람은 홀로 살아갈 수 없다. 그래서 사회가 존재하고 사회 내에서 좋은 인간관계를 유지하기 위해서는 남을 배려하는 마음이 절대적으로 필요하다. 바꿔 말하자면 상대를 배려하는 마음이 인간관계의 기본이다.

인간관계의 기본인 배려를 생활화하기 위해서는 상대를 존중하는 마음으로 그의 말을 들어주고 그와 나의 입장을 바꿔 생각해 보는 마음자세가 중요하다.

7. 소통과 협동

1) 소통이란?

의사소통(communication)은 원활한 인간관계를 유지하기 위해 서로에게 영향을 미치는 모든 수단으로서, 언어적·비언어적 방법을 통하여 서로의 감정, 행동, 태도, 신념, 정보 등을 공유하는 과정이다. 의사소통은 쌍방적인 과정이기 때문에 언제든지 전달자(sender)가 수신자(receiver)로, 수신자가 전달자로 바뀔 수 있다. 자신의 말을 먼저 하기보다는 타인의 말을 경청해 주는 것이 좋은 의사소통의 한 방법이다.

메라비언의 법칙에 따르면 몸에서 우러나오는 진실된 모습 등이 화려한 언변보다 더 중요함을 보여 준다.

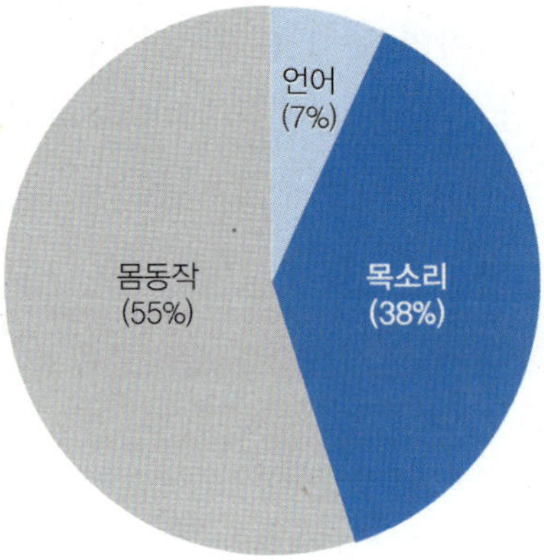

메라비언의 법칙
(The Law of Mehrabian)

2) 협동이란?

협동(cooperation)은 서로 마음과 힘을 하나로 합해 집단의 공동 목적을 달성하기 위하여 협력적으로 행동하는 것을 말한다. 협동은 경쟁체제가 아닌 협력체제를 형성하여 뚜렷한 목표의식을 갖고 각자의 역할과 책임을 다해야 한다. 협동심을 함양하기 위해서는 구성원을 존중하고 신뢰해야 하며, 적극적인 참여를 유도하고 과제 수행결과의 공을 모든 구성원들이 공평하게 나누도록 해야 한다. 협동을 방해하는 요인들은 주로 이해부족, 이기주의, 파벌, 고집과 강요 등이 되겠다.

8. 갈등관리

1) 갈등이란 무엇인가?

갈등이란 서로 대립되는 두 개 이상의 희망욕구가 한꺼번에 만족될 수 없어 하나의 행동대안을 선택하는데 곤란을 겪는 심리적 상태를 일컫는다. 사실 갈등은 분열을 조장하고 파괴적인 결과를 초래하기도 한다. 그렇다고 해서 갈등의 결과가 반드시 부정적인 것만은 아니며, 창의적이고 발전적인 결과를 산출할 수도 있다.

2) 갈등의 원인은?

인간 공동체가 존재하는 곳이면 반드시 갈등이 존재하기 마련이다.

협의(狹義)의 갈등 발생 원인으로는 ① 이기심, ② 부정적 시각, ③ 좌절의 축적, ④ 편견에 의한 판단, ⑤ 열등감·우월감 등이다.

광의(廣義)의 원인으로는 ① 자원부족, ② 상이한 목표, ③ 상이한 수단, ④ 재난·사고에 의한 집단 히스테리 등이 있다.

3) 갈등의 유형은?

(1) 개인 갈등

자기 내면의 갈등이 개인 갈등의 대표적인 예라고 할 수 있다. 자신의 내면에서 역할선택을 해야 되는데 그 역할을 선택하지 못해 고민하거나(역할선택 갈등) 또는 자신이 행해야 될 역할(역할 갈등)을 제대로 수행하지 못해 갈등에 처하기도 하며, 일반적인 두 개 이상의 사안에 대해 선택을 주저하며, 망설이기도 하는 것(선택 갈등)들을 가리켜 자기 내면의 갈등이라고 한다.

선택 갈등에서는 두 가지 사안 중 좋은 것 두 개를 다 가질 수 없고 하나만을 선택할 때 나타나는 접근−접근 갈등(approach-approach conflict), 두 개의 사안 중 하나는 긍정적이고 나머지는 부정적인 접근–회피 갈등(approach-avoidance conflict), 두 가지 사안 모두가 부정적인 회피–회피 갈등(avoidance-avoidance conflict)으로 나눠진다.

(2) 개인 사이의 갈등

관계 갈등이란 조직과 단체의 특성인 상하관계에서 생기는 상하관계 갈등, 동등한 사람 사이의 동등관계 갈등으로 나눠진다. 동등한 관계에서는 타인보다 못한 것을 다른 것으로 메워 심리적으로나마 동등한 위상을 갖도록 만드는 심리적 위상이론이 나타난다. 일반적으로 인간관계에서는 못난 사람 한 사람을 잘난 사람 다수가 이끌어주는 가점사회(加點社會)가 존재하는 반면, 못난 사람 다수가 잘난 사람 한 명을 비난하는 감점사회(減點社會)도 존재하기 마련이다.

성향 갈등은 도저히 성향이 맞지 않아 같이 할 수 없을 때 주로 나타난다. 불교의 8가지 고통 중의 하나인 원증회고(怨憎會苦)가 그러하다. 미워하고 원망하는 사람과 같이 지내야 하는 고통을 말한다. 괜히 저 사람이 미워 그가 행하는 것이 싫어지는 것이다.

(3) 집단 갈등

업무 갈등이란 견제와 균형이라는 조직 특성에 의해 발생하는 경우가 많다. 집단 내에서 회계감사부서는 자금집행의 투명성을 요구하며 의혹의 눈초리를 보내고, 집행부서에서는 자신들을 신뢰해 주지 않는다며 상호 갈등을 빚기도 한다. 규정과 규칙이 불합리할 때는 구조적으로 갈등을 빚기도 한다.

비업무 갈등은 조직에 있는 구성원들이 업무 외적인 일에서 서로 의견이 맞아 집단으로 조직이나 개인을 대상으로 반발하는 갈등을 말한다.

조직 갈등은 조직이 결정한 사안을 따라야 되는데 조직의 결정과 타조직원과의 친분관계가 상충되는데서 발생하기도 한다. 조직의 결정을 따르자니 다른 곳의 친구와 개인적 친분관계가 손상되고 안 따르자니 조직으로부터 비난받을 것이 명약관화하기 때문이다.

4) 갈등관리의 매커니즘은?

(1) 긍정적인 방어기재

① Identification(동일시): 자신의 욕망을 충족시키기 어려울 때 타인의 모범적인 행동을 동일하게 모방하여 따라하는 것

② Replacement(치환): 어려운 욕구를 다른 쉬운 것으로 변경해 실시하는 것을 말하며, 배려 차원에서 상대방과 '입장 바꿔 생각해봐'라는 것도 치환의 일종

③ Compensation(보상): '칭찬은 고래도 춤추게 한다'는 말처럼 상대를 칭찬하는 등의 보상을 통해 갈등을 해소하는 방법

④ Sublimation(승화): 어려운 과제를 자신의 노력으로 극복하여 한 단계 더 높은 것으로 실천하는 방법

(2) 중간적인 방어기재

① Suppression(억압·억제): 참고 인내하며 공격성을 드러내지 않는 것

② Regression(퇴행): 마치 어린아이처럼 행동하여 공격받지 않으려는 행동

③ Self-caricaturing(자기 희화): 자신을 우스꽝스런 캐릭터로 만들어 갈등을 해소하는 형태

(3) 부정적 방어기재

① Rationalization(합리화): 문제의 원인을 자기 자신에게서 찾지 않고 다른 이유로 치장해 버리는 행태

② Projection(투사): 자신의 잘못을 다른 곳으로 돌리는 행위

③ Reaction formation(반동형성): 자신에게 요구되는 것과 반대되는 행동

④ Denial(부인·부정): 사실 자체를 잊고 싶어 하며 부정해 버리는 행위

9. 비전 설정으로 행복 찾기

1) 비전 설정이 왜 필요한가?

삶의 의미를 찾아 주어진 환경을 극복하는 지혜가 필요하다. 또한 성공하

여 행복한 삶을 유지하기 위해 마음속에 자신의 꿈과 희망을 각인시키는 목표설정이 바로 비전이라고 할 수 있다. 비전을 설정하는 데는 우선 긍정적인 사고를 갖고 자신감을 높여 적극적으로 행동하는 자세가 필요하다.

2) 행복해지기 위한 방법은 있는가?

행운은 우연히 찾아드는 만족감이다. 그러나 그 지속기간은 매우 짧다. 반면 행복은 의도적으로 설정한 목표를 달성했을 때 찾아오는 최고의 만족감이라고 할 수 있다. 그리고 지속기간도 행운에 비해 비교적 길다. 행복은 의도성이 내포된 만족감이기 때문에 계속해서 목표를 설정하고, 그 과정을 달성해 나가는 노력이 필요하다.

우리가 행복하면 인성이 저절로 좋아진다. 내가 행복하면 남에게 관대해지며, 타인을 배려하는 마음이 생겨나기 때문이다. 인성교육이 추구하는 최대의 목표는 바로 행복이 아닌가.

인성지도 및 상담

<실습/토의>

Personality coaching and counseling

1. 인성을 함양하려면 어떤 덕목을 실천해야 되는지 논의해 보자.

2. 인성 8대 덕목을 습관화하기 위한 방법 등을 토론해 보자.

3. 8대 덕목 습득 후 인성함양을 위한 기타 방법을 논의해 보자.

4. 자신과 타인의 성격유형 알기, 리더십, 갈등관리, 행복론이 인성교육 8대 덕목과 더불어 왜 추가적으로 필요한지를 토의해 보자.

5. 인간답게 살기 위한 인성교육의 필요성에 대해 각자 생각한 바를 발표해 보자.

성인 지도 및 상담

<핵심정리>

Personality coaching and counseling

1. 인성교육은 우선적으로 인성교육의 필요성을 알아야 하며, 인성교육진흥법에 포함된 8대 덕목 이외에도 올바른 가치관을 정립하기 위한 8대 덕목을 실천하기 위해 필요한 방법이 있다.
2. 예의범절 등 8대 덕목을 효율적으로 함양하기 위해서는 자신과 타인의 성격을 먼저 파악한 뒤 적절히 성격에 맞춰 행동하는 배려심을 생활화해야 한다.
3. 그 다음으로 자기 내면의 갈등, 자신과 타인과의 갈등, 자신과 조직간의 갈등, 조직과 조직 사이의 갈등을 효율적으로 관리할 수 있는 능력을 배양해야 감정을 조절하고 온순한 인성을 확립할 수 있게 되는 것이다.
4. 최종 단계로 비전을 세워 목표를 설정하고 그에 따른 반복 노력으로 행복해지는 것을 익혀야 한다. 자신이 행복해지면 남에게도 행복을 전파하게 되고 그로 인해 따뜻한 사회가 조성된다.

성인 지도 및 상담

교과명 3 회복탄력성(RQ)

개 요

회복탄력성은 긍정심리학의 창시자로 불리는 마틴 세리그만의 「진정한 행복(Authcntic happiness)」과 긍정심리학 강의로 명성이 높던 탈 벤 샤하르 박사의 도움, 그리고 레이비치와 사태가 쓴 「회복탄력성의 요인(The Resiliene Factor)」이라는 책의 도움을 받아 연세대학교의 김주환 교수가 정리하여 우리에게 알려졌다. 살아가면서 우리는 크고 작은 많은 시련과 곤경에 부딪친다. 때로는 밀려오는 산더미 같은 파도에 지쳐 인생을 포기하고 싶을 때도 있다. 실제로 많은 사람들이 그 고비를 넘기지 못하고 극단의 선택을 하기도 한다. 그러나 회복탄력성은 그러한 역경을 딛고 다시 일어서는 힘이다. 강하게 튀어 오르는 고무공처럼, 역풍을 이기고 솟아오르는 하늘의 연처럼, 굽이치는 물살을 거슬러 오르는 힘찬 연어들처럼 굴하지 않고 이겨내는 힘이다.

회복탄력성은 타의에 의해서 억지로 끌려가는 것이 아니라 주도적으로 자신의 삶을 살 수 있는 능력이다. 회복탄력성을 키워나가면 인생을 더 성공적이며 행복하게 살 수 있게 된다.

학습목표

<일반목표>

- 자기조절 능력을 통하여 자기감정을 이해하고 조절하며, 원인을 분석하고 대처하는 능력을 기른다.
- 대인관계 능력을 향상하기 위한 소통능력, 공감능력, 자아 확장력을 통하여 원만한 인간관계를 형성한다.
- 긍정적 자아를 위한 낙관성, 생활 만족도, 감사하기를 습득하여 행복한 삶을 영위하도록 노력한다.

<세부목표>

- 원인분석을 통하여 충동을 억제하고 감정을 조절할 수 있다.
- 자아 확장력을 이해하고 소통과 공감능력을 습득할 수 있다.
- 낙관적인 자아를 갖고 생활에 만족함을 습득할 수 있다.
- 매사 감사하는 긍정의 마인드를 가질 수 있다.
- 회복탄력성을 통하여 더 건강하고 행복한 삶을 찾을 수 있다.

주요 단어

회복탄력성, 긍정심리학, 감정 조절력, 충동 통제력, 원인 분석력, 소통능력, 공감능력, 자아 확장력, 자아 낙관성, 생활 만족도, 감사하기

1. 회복탄력성이란?

1) 불교에서 인생은 고행(苦行)이라 했다. 우리 인생은 살아가면서 평탄한 길도 있지만, 돌과 자갈이 깔린 험난한 길도 걷게 된다. 때로는 수렁에 빠져 허우적거리기도 하고 낭떠러지기에 굴러 떨어지기도 한다. 그럴 때마다 도중에 지쳐 포기하는 사람도 있지만, 기어코 이겨내고 성공하는 사람도 있다. 바로 그 고난을 헤쳐 극복해 내는 힘이 회복탄력성이다.

2) 에머슨이 '대부분 생의 고난은 우리 자신이 햇빛에 서 있으므로 생긴다'라고 했듯, 기쁨만큼이나 우리의 삶은 온갖 고난과 역경으로 가득 차 있다. 어렵고 힘든 일, 고통스럽고 슬픈 일, 가슴 아픈 일 등이 쉴 새 없이 다가온다. 하지만 우리는 이러한 모든 어려움을 극복하고 이겨낼 잠재적인 능력을 갖추고 있다. 그러한 능력을 학자들은 회복탄력성(resilience)이라고 한다. 회복탄력성은 고난과 실패가 없는 상태에서가 아니라 오히려 자신에게 다가오는 온갖 역경과 난관을 당당하게 맞서 극복하는 성공의 힘을 말한다.

• 카우아이 섬의 종단연구

카우아이 섬은 1950년대 하와이군도 북쪽 인구 3만 명의 원시 상태의 섬이었다. 주민 대다수가 알코올 중독자, 범죄자, 마약중독자, 정신질환자였다. 1954년 미국의 정신과 의사, 소아청소년과 의사, 사회복지사, 심리학자 등 다양한 전문가들이 이 최악의 섬에 들어와 1955년생 신생아 833명을 대상으로 추적조사를 벌였다. 어떠한 요인들이 한 인간을 부적응자로 만들며 그들의 삶을 불행으로 이끄는가 하는 연구를 시작했다. 이 중 심리학자 에미 워너는 833명 중 가장 열악한 환경에서 자란 고위험군 201명을 추려 조사했다. 이들 중 대부분은 어릴 때 환경 그대로 사회 부적응자가 되어 있었으나 3분의 1인 72명은 전혀 그렇지 않았다. 연구의 초점은 태어날 때부터 최악의 조건이었던 마이클을 비롯한 아이들에 집중되었고, 그들이 어떻게 그러한 환경에서도 사회적으로 우등생이 되었으며 긍정적이고 자신감 넘치는 젊은이들로 성장할 수 있었는지 의문을 갖게 되었다. 그 후 40년간의 연구결과 그 아이들에게서 발견된 공통점은 하나같이 그 아이들을 지지해주고 받아주는 어른이 주위에 적어도 한 명은 있었다는 것이다. 그런 인간관계가 회복탄력성의 요인이었다.

2. 회복탄력성이 필요한 이유

1) 현대를 살아가는 많은 사람들은 다양한 분야에서 스트레스를 받고 힘들어 한다. 간호사와 의사들은 고통을 호소하는 환자들을 돌보느라 탈진 상태가 되고, 사회복지사들은 복지현장에서 고된 격무에 시달리느라 소진되기도 한다. 학생들은 지나친 경쟁과 미래에 대한 압박 등으로, 교사들은 과중한 업무와 수업으로 스트레스를 받는다. 백화점 점원들은 진상 고객들에게 힘들어하고 소방관, 교도관, 경찰관 등도 각종 사건 사고에 강한 스트레스를 받아 트라우마로 고생하기도 한다.

회복탄력성은 이러한 난관과 고통을 절망, 실망, 비탄으로 불행하게 느끼는 것이 아니다. 어려움을 잘 극복하고 회복하여 새로운 용기와 유연한 태도를 유지하는 것이다. 그러므로 회복탄력성은 어느 분야에서든 건강하고 행복한 삶을 위해서 반드시 필요하다.

2) 인간은 성장발달에 따라 겪는 여러 가지 위험에 대비해 회복탄력성이 요구된다. 청소년은 미래에 대한 불확실성과 입시 위주의 지나친 경쟁 때

문에, 군 생활을 하는 국군 병사들은 조직문화에 잘 적응하기 위해 요구된다. 가정환경에 대한 문제로 가정폭력, 가족해체, 가난 등으로 겪는 고통에서 벗어나고, 직장과 사회에서 인간관계로 인한 상처와 역경을 극복하기 위해 필요하다. 성인기에 들어 갑작스러운 실직이나 은퇴, 이혼, 질병, 가까운 사람들의 죽음으로 인한 충격을 딛고 일어서기 위해서, 노후에 삶의 의미와 목적을 찾아내어 인생의 마무리를 잘하는 웰빙(well-being)과 웰다잉(well dying)을 위해서 꼭 필요하다.

• 회복탄력성이 높은 사람들과 낮은 사람들

세상에는 역경을 딛고 일어서 높은 회복탄력성을 보인 사람들이 많이 있다. 대학생 때 루게릭병을 앓았으나 신체적 장애를 극복하고 세계적인 물리학자가 된 스티븐 호킹 박사, 27년이란 긴 생활을 감옥에 갇혀 지냈음에도 대통령까지 된 고 넬슨 만델라, 어릴 때 사생아로 태어나 성폭행을 당하고 어린 아들의 죽음을 겪으면서도 미국 TV방송 『오프라 윈프리 쇼』로 많은 사람들에게 용기를 주었던 오프라 윈프리, 나치 수용소에서 살아남아 많은 업적을 남긴 빅터 프랭클, 촉망받는 학자로 미국 지질탐사 중 차량 전복사고로 전신 마비가 되었어도, 더욱 왕성한 활동을 하는 서울대 이상묵 교수 등 수없이 많은 사람들이 있다.
반면, 어려움을 극복하지 못하고 목숨을 끊어 안타까움을 준 사람들도 너무나 많다. 통계에 따르면 우리나라는 2004년부터 지금까지 12년째 OECD 국가 중 자살률 1위를 견지하고 있다. 청소년 사망원인 1위도 자살이다. 자살로 사망하는 인원이 하루 약 40명 가까이 이르고 있다. 이러한 나약함이 생명을 존중하고 유연한 삶의 태도를 갖추어야 할 회복탄력성을 필요로 하는 이유이다.

3. 회복탄력성의 구성

회복탄력성은 크게 세 가지로 구성되어 있다. 자기조절능력, 대인관계능력, 긍정성이다. 여기서 중요한 것은 긍정성이다. 긍정성을 습관화시키면 나머지는 쉽게 높일 수 있다. 긍정성을 습관화시킨다는 것은 뇌를 긍정적인 뇌로 바꾸어 회복탄력성을 높일 수 있다는 뜻이다(김주환(2011)).

1) 자기조절능력

(1) 감정조절능력

감정조절능력은 압박과 스트레스를 받는 동안 평온을 유지하는 능력이다. 스스로 부정적인 감정을 통제하고 긍정적인 감정과 건강한 도전의식을 불러일으킨다. 스스로 감정을 통제하지 못하는 사람은 대인관계에서 성공하기 어렵다. 감정은 표현하되 건전한 방법으로 표현해야 하며 감정에 휘말려 이성을 잃어버려서는 안 된다. 이럴 때는 자신에게 '이게 정말 화를 낼 사항인가?' 물어보는 게 좋다. 아니면 잠시 자리를 피해 가벼운 운동을 하거나 음악을 들으며 감정을 가라앉히도록 노력해야 한다. 자신의 감정 상태를 알아 적절히 조절하는 능력은 좋은 인간관계를 위해서 반드시 필요하다.

(2) 충동 통제력

충동 통제력은 단순히 충동을 억압하는 것이 아니라 자기 스스로 자율성을 부여하고, 고통의 과정을 즐거움으로 승화시키는 마음의 습관을 말한다. 이러한 점에서 무조건 인내하고 참는 것과는 다르다. 회복탄력성에서의 충동 통제력은 고통의 과정을 즐거움으로 승화시키는 성장 지향적인 자기조절능력을 의미한다. 부모들이 자녀들에게 강요하듯 '훗날 훌륭한 사람이 되기 위해 억지로라도 밤새워 공부해야 한다'고 압박을 행사하는 것과는 다르다. 스스로 지금 하는 일이 재미있어야 하고 즐거움을 느끼는 일을 하도록 자율성을 키워주는 것이 중요하다. 다른 사람에 의한 선택이 아니라 스스로 한 선택이어야 능력을 발휘할 수 있고 성공할 수 있다. 성공한 대부분의 사람은 참고 억지로 버틴 사람이라기보다 자신이 하는 일을 즐겁게 하다 보니 성공하고 행복한 삶을 산 사람들이다. '열심히 하는 사람은 즐기는 사람 이길 수 없다'는 말이 있다.

(3) 원인 분석력

원인 분석력은 이성적인 영역으로 어떤 사안을 객관적으로 분석해서 대처 방안을 수립하는 일이다. 정확한 원인을 분석하고 대처하는 일은 똑같은 실수를 반복하지 않고 다른 사람의 탓으로 돌리거나 오해를 줄이는 일이다.

왜냐하면 어떤 사건에 대한 분노, 짜증, 슬픔 등의 감정은 반드시 나 자신의 해석 때문에 나타나기 때문이다. 긍정심리학의 창시자 마틴 세리그만은 이것을 사건(Accident)-믿음(Belief)-결과(Conscquences)의 ABC 연결고리로 설명한다. 사건(A)과 결과(C) 사이에는 반드시 우리의 믿음(B)이라는 연결고리가 있다. 이 연결고리인 믿음(B)이 세리그만이 말하는 신념체계이며 이 믿음을 바꾸는 것이 스토리텔링 방식이다.

• 건전한 스토리텔링 방식

상황: 열심히 한 프로젝트가 실패했을 경우 스토리텔링 방식 비교

회복탄력성이 낮은 사람	회복탄력성이 높은 사람
• 왜 나만 실패 했을까(개인성) • 왜 항상 실패할까(영속성) • 왜 내가 하는 일들은 이 모양일까(보편성)	• 실패는 누구나 할 수 있지. 나만 실패하는 것은 아니야(비개인성) • 오늘은 운이 좀 안 좋았어. 다음엔 내게도 행운이 올 거야(비개인성) • 이 일은 내가 실패했지만 다른 일은 잘하고 있어(특수성)

긍정적이고 건전한 스토리텔링 방식을 습관화시키는 것은 회복탄력성을 키우는 좋은 방법이다(김주환(2011)).

2) 대인관계능력

(1) 소통능력

소통능력은 대인관계능력의 핵심이다. 소통되어야 관계가 형성되고 좋은 인간관계를 맺을 수 있기 때문이다. 소통은 청산유수처럼 말을 잘하는 것을 의미하는 것이 아니다. 상대를 배려하고 공감하며 마음을 열어야 가능하다. 말은 어눌해도 왠지 함께 있고 싶고 호감이 가는 사람이 있다. 소통능력은 일종의 소통기술(Art)이라 할 수 있는데, 자신의 감정을 솔직하고도 건전하게 표현하는 능력이 소통기술이다. 아무리 좋은 감정을 가졌어도 표현하지 않으면 상대가 알지 못한다. 또한 불편한 감정을 표현할 때도 직선적으로 화를 낸다든지 하면 상대가 불쾌함을 느끼게 된다. 이럴 때 사용하는 방법이 '알약 기법'이다. 먼저 상대를 칭찬하고 '이런 점은 이렇게 해

줬으면 좋겠어'라고 바람을 이야기한 다음, 다시 한 번 칭찬으로 마무리하는 방법이다. 마치 쓴 알약 표면에 달콤한 포장이 되어 쓴맛을 모르고 먹을 수 있게 되어 있는 것과 마찬가지다. 또한 소통능력에는 말하는 언어뿐 아니라 비언어적 요인(몸짓, 표정, 미소, 열정 등)이 중요한 요소이므로 긍정적인 표현이 습관화될 수 있도록 노력해야 한다.

(2) 공감능력

공감능력은 다른 사람의 심리상태와 정서 상태를 잘 포착하는 능력을 말한다. 공감능력은 언어나 신체언어를 통해 상대의 생각과 감정을 알아내는 능력으로 상대를 설득하거나 관계 형성을 위해서 꼭 필요한 자질이다. 공감능력은 적극적 경청이나 표정 따라하기 훈련으로 증진시킬 수 있다.

래포(rapport)형성 방법이 있는데 래포는 '서로의 마음이 연결된 상태'라는 뜻이다. 래포의 방법으로는 상대의 자세와 동작을 그대로 따라 하는 미러링(mirroring)과 상대의 말 중 중요한 한 구절을 반복하는 백트래킹(backtracking)이 있다. 뇌 과학자들은 공감능력을 뇌의 거울신경(mirror netiron)에 있다고 본다. 다른 사람의 경험을 바라보는 것만으로도 그 사람과 비슷하게 경험하게 된다는 것을 의미한다.

공감능력은 거울신경계뿐 아니라 서로 입장을 바꾸어 생각해 보는 역지사지(易地思之)의 능력에서도 느낄 수 있다. 대인관계의 성공 요인은 말을 잘 하는데 있는 것이 아니라 잘 듣는 태도에 있다. 공감적 경청이 소통과 공감능력을 높여 주는 데 효율적인 방법이다.

(3) 자아 확장력

자아 확장력은 자기 자신이 타인과 연결되어 있다고 느끼는 정도이다.

즉, 자기 자신을 생각할 때 이미 타인과의 관계 속에서 자기 자신을 이해하는 것이다. 자아 확장력의 근간은 긍정적 정서인데 긍정적 정서는 타인과 내가 하나가 되는 공감력이라 할 수 있다. 언제부터인가 우리 사회는 개인주의가 팽배하고 세상을 보는 관점마저 공동체가 아니라 개인주의적인 자기중심 성향이 있다. 자아 확장력은 자기로부터 함께하는 확장된 사고를 견지하는 일이다. 타인에게 벌어지는 일들을 마치 내 일처럼 걱정하고 동일시하는 공동체적 태도가 자아 확장력이다.

• 붉은 원숭이 실험

1960년대 해리 할로우는 붉은털 원숭이 실험으로 사회적 상호작용이 뇌 발달에 결정적인 영향을 미친다는 것을 입증했다. 태어나자마자 다른 새끼와 어미에게서 분리되어 혼자 자란 원숭이는 충분한 먹이를 공급했음에도 스트레스에 제대로 적응하지 못했고, 발육되지 못했으며 뇌도 쪼그라져 있는 상태였다.
나아가 철사와 헝겊으로 된 가짜 어미를 만들어 우리에 넣어 관찰했는데, 먹이가 나오는 철사로 만든 가짜 어미에게는 배가 고플 때만 우유를 먹고, 놀 때는 헝겊으로 만든 가짜 어미에게 붙어 노는 것을 발견했다. 엄마에게 가까이하려는 것이 젖이 나오기 때문이라는 통설을 뒤집는 발견으로 새끼들은 젖 이상으로 따뜻한 엄마의 '애착'을 필요로 한다는 사실이 입증된 것이다.
한편, 가짜 어미조차 없이 격리되어 혼자 자란 원숭이는 정서적으로 매우 불안해하고 학습과 기억능력에도 현저한 차이를 보였다.

3) 긍정성

(1) 자아 낙관성

낙관적인 사람은 매사를 긍정적으로 보고 미래에 대해서도 훨씬 잘 될 거라 믿으며 희망적으로 본다. 어떠한 어려움이 있어도 낙관적이며 긍정적으로 생각하기 때문에 회복탄력성 지수도 높다. 실제로 낙관적인 사람이 비관적인 사람보다 더 건강하고 우울증에 걸릴 확률도 낮다고 한다. 낙관적인 사람은 확신에 차 있어 열정적으로 일하며 무슨 일을 하든 겁내거나 두려워하지 않는다.

미국 LPGA 무대에서 25승을 거두고 명예의 전당에 이름을 올린 박세리 선수는 마지막 18홀 퍼팅을 할 때 '안 들어가면 어떻게 하나'하는 불안감보다 '들어간다'는 쪽에 비중을 두어 평정심을 회복하고 승리를 거둘 수 있었다고 말한다. 낙관성은 장래가 밝다고 여기는 태도이며 어떠한 역경도 해결할 수 있다는 믿음이다.

(2) 생활 만족도

평소 자신의 생활에서 만족할 수 있는 상태는 긍정적인 사고에서 나온다. 긍정적인 사고는 모든 일을 긍정적으로 수용하고 바라보는 태도를 말한다. 불행은 자신을 다른 사람과 비교할 때 나온다. 나와 다른 사람을 비교하여 자신에게 열등의식을 갖거나 자식이나 남편을 다른 사람과 비교하여 생각하는 자세는 불행을 자초하는 일이다. 행복은 비교에 의해서 이루어지는 것이 아니라 자신이 가진 강점을 집중하고 만족하는 데서 이루어진다. 9억을 가진 사람이 10억을 가진 사람을 부러워할 때 불행해진다.

(3) 감사하기

심리학이 발견한 긍정적 정서 향상 방법으로 명상하기, 좋은 기억 회상하기, 선행 베풀기, 즐거운 일에 집중하기 등이 있는데 모두 효과가 입증되었다. 그러나 최고의 효과를 나타낸 훈련방법은 감사하기였다(김주환(2011)).

심장은 화가 나면 빠르게 뛰고 불규칙하게 뛰어 건강을 해치게 되는데 학자들은 심장박동을 가장 이상적으로 유지하는 긍정적인 요인이 무엇인가 탐색했다. 많은 방법이 동원되었는데 가장 이상적인 방법이 '감사하는 마음'이란 것을 밝혀냈다. 심장은 1분에 70번을 뛰는데 감사하는 마음은 수면 상태나 편안한 휴식의 상태보다 더 일정한 상태를 유지해 주는 것으로 밝혀졌다. 감사한 마음이 긍정심리학이 지향하는 최선의 마음 상태임이 입증된 것이다.

3. 회복탄력성 키우기

1) 하트메스 연구소에서 개발한 회복탄력성을 키우는 방법(최성애(2016))

(1) 나의 감정 알고 다스리기

회복탄력성을 위해서는 자신의 감정을 아는 것이 중요하다. 자신의 감정을 먼저 알아야 감정을 다스리고 컨트롤할 수 있다. 서울에서 부산으로 가족여행을 떠날 때 자동차의 계기판을 보고 휘발유는 충분한지, 얼마의 속도로 주행해야 목적지에 도착해 점심을 먹을 수 있는지, 실내온도를 보고 히터를 틀지, 에어컨을 켤지 알 수 있듯이 사람도 자신의 감정을 먼저 알아차리는 것이 중요하다. 자신의 감정 상태를 알고 화가 나 있다면 심장 호흡을 통하여 감정을 진정시키는 것이 회복탄력성을 키우는 방법이다. 호흡을 통하여 걱정, 짜증, 불안, 초조함, 분노 등 부정적인 감정을 중화시키는 것이다.

(2) 호흡 명상법

호흡 명상법은 5단계로 이루어지는데 1단계로 스트레스 원인을 알아내어 문제를 규명하는 것이며, 2단계로 눈을 감고 숨을 들이쉬고 내 쉬며 심장 호흡을 하는 것이다. 3단계는 긍정적인 감정을 작동시키는 방법으로 심호흡한 후 마음이 편안해지면 행복했던 순간들을 떠올리며 긍정의 마음을 작동시킨다.

제4단계는 마음이 어느 정도 편안해지면 스스로에게 진심으로 물어본다. 어떻게 하는 것이 효과적인가? 해결책이 있을까? 제일 나은 방법은?

마지막 5단계는 스스로에게 물은 답을 떠오르도록 자연스럽게 관찰하는 방법이다. 이렇게 하면 스트레스의 원인에 대해 어느 정도 객관적인 조명이 가능해지고 자신의 모습을 찾을 수가 있다.

(3) 가트만 박사의 관계를 망치는 네 가지 독과 해독법

첫 번째 독은 비난이다.

비난할 때는 주어가 보통 당신이다. "당신은 도대체~"로 시작하여 상대를 공격하고 비난한다. 자칼이 상대를 물어뜯듯 상처를 준다. 저의가 그렇지 않다고 해도 상대는 공격으로 느껴진다. 이럴 때 비난 대신 사용할 수 있는 방법이 부드러운 요청이다. 너 전달법보다는 나 전달법을 사용한다.

"나는 당신이 ~~ 했으면 좋겠어!"라고 나를 주어로 해서 요구하는 방식이다. 훨씬 부드럽고 그 요구가 받아들여지면 감사의 표현을 함으로써 관계가 더욱 돈독해진다.

두 번째 독은 방어이다.

비난이 들어오면 자신을 방어하기 위해 곧바로 역공한다. "당신은 뭘 잘

했는데~?"하는 식이다. 그러면 전투는 끊임없이 시작된다. 이럴 때는 즉각 방어 대신 조금은 인정하는 것이 좋다. "그러네! 오늘은, 요즘은 내가 좀 심했네'라고 조금만 인정해도 상대의 예리한 독은 꺾이게 된다.

세 번째 독은 경멸이다.

경멸은 관계를 망치는 독 중에서 가장 나쁜 독이다. "흥! 꼴에~"하면서 인격적으로 무시하는 것이다. 경멸은 쉽게 해독되지 않는다. 그러므로 가급적 사용하지 않거나 유연한 표현을 습관화하는 것이 상책이다.

네 번째 독은 담쌓기이다.

담쌓기는 아예 상대가 없는 것처럼 행동하는 것이다. 말하지도 들으려 하지도 않고 언제 터질지도 모를 격앙된 감정을 쌓아놓고 대화 자체를 하지 않는 것이다. 담쌓기는 쉽게 풀리지 않아 각자 시간을 갖고 진정해야 한다. 그러면서 호흡을 가다듬고 좋았던 기억 등을 되새기며 진정한 후 대화를 재개한다.

2) 회복탄력성을 키우기 위한 습관(김주환(2011))

(1) 매일 감사하기

감사하기 훈련 효과는 신경심장학(neurocardioiogy)이라는 학문 분야를 통해 밝혀졌는데 심장은 상당히 독자적으로 학습하고, 기억하고, 기능적 결정을 내리기도 하는 기관이라고 한다. 따라서 심장의 박동을 가장 평안한 상태로 유지하는 것이 최선의 방법인데 가장 효과적인 방법이 감사하는 마음이다. 가장 효과적인 방법은 매일 잠자리에 들기 전 감사한 일을 5개 이상 적는 것이며, 감사한 마음을 기억하는 것만으로도 뇌의 작용을 습관화시키게 된다. 몇 주만 실천해도 긍정의 마음으로 변하게 된다.

(2) 규칙적인 운동하기

규칙적인 운동은 뇌를 건강하게 한다. 운동은 체중조절을 하며, 우울증, 불안 장애, 치매 등을 치료하는 만병통치약이라 할 수 있다. 운동은 혈액순환을 향상시켜, 스트레스를 감소시키고 건강한 몸과 정신건강을 유지하는 역할을 한다. 운동은 뇌세포에 혈액과 영향을 공급해 주며 뇌를 긍정적으로 변하게 한다. 뇌를 긍정적으로 변화시키기 위한 최소 조건은 일주일에 세 번씩 30분 이상, 최대 심박수 60~80% 정도의 세기로 8주 이상 운동을 하는 것이다.

(3) 행복을 뇌에 새기는 연습

회복탄련성은 훈련을 통해서 습득 가능하다. 긍정적인 마음이 언제 어디서든 무의식적으로 발휘될 수 있도록 습관화해야 한다. 몸의 움직임을 총괄하는 사령탑 격인 뇌를 반복적인 훈련과 연습으로 변화시켜야 한다. 3주간의 긍정적 훈련은 습관을 들이기 시작하고 3개월이면 완전히 자신의 것으로 습관화시킬 수 있다. 자전거를 배우거나 수영을 하는 것은 지식으로만 배우기 어렵다. 실제로 자전거에 올라타 균형을 잡아봐야 가능하고 물에 빠져 헤엄쳐봐야 몸에 습관화되기 시작한다. 우리는 긍정성 훈련을 통해 부정적이고 비판적인 뇌를 긍정적인 뇌로 바꿀 수 있다.

• 회복탄력성에 도움이 되는 좋은 시(詩)

흔들리며 피는 꽃

도종환

흔들리지 않고 피는 꽃이 어디 있으랴
이 세상 그 어떤 아름다운 꽃들도
다 흔들리며 피었나니
흔들리지 않고 가는 사랑이 어디 있으랴

젖지 않고 피는 꽃이 어디 있으랴
이 세상 그 어떤 빛나는 꽃들도
다 젖으며 젖으며 피었나니
바람과 비에 젖으며 꽃잎 따뜻하게 피웠나니
젖지 않고 가는 삶이 어디 있으랴

<실습/토의>

Personality coaching and counseling

1. 회복탄력성의 의의와 필요한 이유를 찾아보고 서로 토의한다.

2. 회복탄력성에 귀감이 될 만한 사람을 찾아 서로 의견을 나누어 본다.

3. 자기조절능력을 살펴보고 토의한다.

4. 대인관계능력을 살펴보고 서로 토의한다.

5. 긍정성을 살펴보고 서로 토의한다.

<핵심정리>

1. 회복탄력성이란 무엇인가?
   회복탄력성이란 고난과 역경이 없는 상태가 아니라 오히려 그것을 도약의 발판으로 삼아 다시 일어서는 능력이다.
2. 회복탄력성이 필요한 이유
   현대를 살아가는 사람들은 남녀노소를 막론하고 새로운 환경과 변화에 많은 스트레스와 좌절을 경험하며 살고 있다. 따라서 역경에 굴하여 낙오되지 않고 일어서는 내면의 힘, 즉 회복탄력성이 필요하다.
3. 자기조절능력
   자기조절능력은 감정조절능력, 충동 통제력, 원인 분석력으로 구성되어 있다. 여기서 중요한 것은 자기감정을 이해하고 아는 것이다. 자기감정 상태를 정확히 알아야 충동을 통제하고 조절할 수 있기 때문이다. 또한 문제가 된 원인을 분석하고 대처할 수 있는 능력이 있어야 같은 실수를 되풀이하지 않게 된다.
4. 대인관계능력
   대인관계능력은 소통능력, 공감능력, 자아 확장력으로 구성된다. 소통능력은 다른 사람과 관계를 형성하는 가장 중요한 능력이다. 자신을 개방하고 다른 사람을 받아들이는 능력으로 소통능력도 하나의 기술이다. 공감능력은 다른 사람의 정서상태와 심리상태를 파악하는 능력으로 언어나 비언어적 대화를 통하여 상대의 감정을 공감하는 능력이다. 또한 자아 확장력은 자신이 다른 사람과 연관되어 있다는 것을 이해하는 것으로, 자기중심이 아니라 자신 안에 다른 사람도 함께 넣어 자아를 확장하는 공감능력이다.
5. 긍정성
   긍정성은 자아 낙관성, 생활 만족도, 감사하기로 구성되어 있다. 낙관적인 사람은 긍정적 사고를 하는 사람이다. 긍정성을 가진 사람은 사회적으로 대인관계가 좋고 성공의 여지도 높다. 생활 만족도는 현재 자신의 생활에 만족하고 비교하여 불행하지 않은 능력이다. 자신의 처지를 이해하고 만족하며 긍정적일 때 행복해질 수 있다. 감사하기는 긍정성의 핵심요소이다. 긍정성의 훈련요소 중 가장 효과적인 방법이 감사하기였다. 감사일기를 쓰거나 명상을 통하여 감사한 마음을 가지면 행복한 삶을 살 수 있다.
6. 회복탄력성을 키우는 방법들
   회복탄력성은 후천적으로 얼마든지 키울 수가 있다. 여러 가지 훈련을 통하여 그 효과가 검증되었고 활용되고 있다. 나의 감정 알아채기, 장면 정지법, 가트만 박사의 네 가지 독과 해독법, 감사하기, 규칙적인 운동하기, 행복을 뇌에 습득시키기 등은 회복탄력성 훈련에 응용되고 있다. 단지 중요한 것은 훈련에 의한 습관화에 있다. 훈련을 통하여 습관처럼 몸에 배어 있어야 한다는 것이다.

인성 지도 및 상담

교과명 4 품성론

개 요

학교교육과 평생교육은 학생들에게 단순 지식을 배양토록 하는 것뿐만 아니라 고상한 인격과 인품을 갖추도록 일정 수준의 정신문화를 내포해야 한다. 사람들은 자신의 말과 행동을 통해 주변 사람들에게 영향을 미치고 있으며, 고유의 아름다운 문화와 역사를 창조해 나가고 있음을 알아야 한다.

품성은 하루아침에 얻어지는 것이 아니기 때문에 끊임없는 수련과 지식함양을 통해 자신의 마음을 갈고 닦아야 한다. 그리고 포용력과 담대함을 키워나가 실패와 좌절에 부딪치더라도 긍정적인 마음가짐으로 대처토록 해야 하는 것이 품성론이 추구하는 바다. 품성은 눈에 보이지 않는 무형의 자산이다. 예의와 겸손이 바탕에 깔린 품성은 인간적인 매력을 발산하도록 만들고 타인으로부터 사랑과 신뢰를 한 몸에 받을 수 있도록 한다.

학습목표

<일반목표>

- 치열한 경쟁과 극심한 스트레스에 노출되어 있는 현대인들에게 삶의 지혜를 제공하고 정신적인 휴식처를 갖도록 하는 한편, 조급증 및 각종 갈등을 해소하도록 유도하여 마음의 평화와 타인들과의 원활한 교류를 유지하는 데 목표를 둔다.

<세부목표>

- 올바른 품성을 가지기 위해 필요한 덕목을 배운다.
- 바른 품성을 위한 행동 방법론에 대해 생각하고 토론한다.
- 긍정적인 마음으로 사물을 바라보도록 마인드 컨트롤을 연습한다.

주요 용어

품성, 품성론, 인성, 예의, 품격, 바른 자세, 긍정적인 마음, 경청, 표정관리, 관용, 결단력, 행동, 믿음, 꿈, 행복, 겸손, 비판, 호소력, 지도자, 영감, 직감, 개성, 목표, 내면

1. 자기 관리

1) 예의를 지켜라.

자신에 대해서는 엄정하고, 친구에 대해서는 약속을 지키는 성실함을 보여라. 도전하는 자에 대해서는 용기와 담력으로 대처하고 패자(敗者)에게는 관용을 베풀어야 한다. 그러나 가장 중요한 것은 항상 예의를 지켜야 한다는 것이다.

예의는 사람이 세상을 살아나가는 데 있어 가장 중요한 도덕성이다. 예의를 지키면 상대방에 대한 배려로 나타나 상대방도 나를 존중해 주는 토양이 된다. 아무리 화가 나고 참기 어려운 상황이 닥치더라도 최소한의 예의를 지킨다면 큰 싸움으로 비화되지는 않을 것이다.

사람이 살다보면 당연히 갈등이 생기기 마련이다. 이때 자기 자신의 주장만 내세운다면 사태를 더 악화시킬 뿐이다. 이성적으로 사태를 파악하고 예의(禮儀)로써 상대를 대하면 아무리 적대적 갈등관계라 하더라도 나중에 앙금이 남지 않아 쉽게 화해의 물꼬를 틀수 있게 된다. 예의란 경의를 표하는 말투나 몸가짐이기 때문이다.

부정적인 언행은 부정적인 결과를 불러들인다. 그러므로 항상 긍정적인 생각을 하면서 타인의 언행이 다소 불쾌하더라도 예의를 지키려는 자세가 필요하다.

2) 바른 자세와 당당한 품격을 유지하라.

어떤 사람이 평소 곧은 자세를 취하지 않고 허리를 구부정하게 굽혀 지낸다면 아마도 혹자들은 내시(內侍)나 환관(宦官) 정도로 생각할 것이다. 그러나 허리를 곧게 펴고 당당한 품격으로 걷는다면 그를 자신감이 충만한 정승(政丞)으로 여기게 될 것이다. 후광효과(halo effect)이다. 이는 좋은 자세를 유지하면 다른 부분도 좋게 여긴다는 뜻이다. 당당한 바른 자세는 자기 자신에 대해 긍정적인 암시를 하는 효과도 있다. 긍정적 암시는 자신감을 강화시키는 데 기여한다.

또한 당당한 태도와 바른 자세는 타인에게 확신과 자신감이 있는 것으로 인식되어 사회생활을 영위하는 데 도움이 된다. 또한 바른 자세는 자신의 외모를 당당하게 변화시킬 수 있을 뿐만 아니라 태도와 성격, 더 나아가 마음과 품성까지 변화시킬 수 있다.

학생의 경우 열심히 배우려는 사람들은 앞자리에 앉아 당당한 자세를 보이고 있다. 자신감이 결여될수록 뒷자리에서 하릴없이 시간만 보낸다. 바른 자세와 바른 행동을 하려고 노력하는 것은 무대 위에서 쇼를 펼치는 배우들이 용기와 자신감을 갖고 연기할 때 대중의 관심을 받게 되는 이치와 동일하다. 할 수 있다는 자신감으로 어깨를 펴고 당당하게 행동하길 바란다. 바른 자세는 자신감을 불러오고, 자신감은 바른 자세를 갖도록 해준다.

3) 화를 억누르고 표정관리를 하라.

어떠한 사안이 발생했을 때 불쾌한 감정이나 분노의 감정을 얼굴에 곧바로 드러내서는 안 된다. 경거망동하지 않고 기쁨과 슬픔의 표현을 적절히 통제하며 절제된 표정을 보여야 인간관계에서 좋은 결과를 가져올 수 있다.

중국 삼국시대, 유비의 책사로 유명한 제갈량(諸葛亮, 181~234년)의 아내 황씨는 추녀로 소문난 사람이었다. 그러나 못생긴 외모에도 불구하고 그녀의 재능과 품성은 아주 출중하여 나중에 남편 제갈량을 촉(蜀)나라 승상에 오르는데 크게 일조하게 된다. 유비의 삼고초려(三顧草廬)로 유비 진영에 합류한 제갈량에게 아내 황씨는 대붕의 깃털로 부채를 만들어 주었다. 부채를 받아든 제갈량에게 아내 황씨는 다음과 같은 말을 했다.

> "당신은 나의 친정아버지와 유비에 대해 얘기할 때는 얼굴에 화색이 돌았어요. 그러나 조조에 대해서는 미간을 잔뜩 찌푸렸고, 손권에 대한 얘기에서는 아주 우울한 표정을 지었지요. 사내는 무릇 대사를 도모함에 있어 자신의 감정을 곧바로 드러내지 않고 침착해야 돼요. 앞으로 국사를 처리할 때 이 부채로 얼굴을 가리고 하세요."

그 후 제갈량은 항상 손에 든 부채로 얼굴을 가리고 대사를 도모했다. 표정이 평화로우면 침착함과 태연함이 절로 생겨난다. 자기 자신의 감정을 적절히 통제하는 연습이 필요한 이유가 바로 이러하다.

화는 인간에게 나타나는 정상적이고 공통적인 현상이지만, 적절히 관리하지 못하면 오히려 갈등을 악화시키는 결과를 낳는다. 화를 낼지 내지 말아야 할지는 본인의 선택이다. 단 15초만 꾹 눌러 참는다면 화는 사그라진다. 분노의 호르몬은 15초 만에 최고점을 찍고 하향 곡선을 그리기 때문이다.

사람들이 서로 친분을 유지해 나가는데 있어 각자 타고난 천성을 존중해 주면 좋은 관계를 유지할 수 있다. 그러기 위해서는 나를 알고 타인의 품성을 알아야 한다. 타인과의 관계에서는 그 사람의 품성을 이해하고, 그것을 바탕으로 역지사지(易地思之)의 정신으로 입장 바꿔 생각해 보는 자세가 필요하다.

4) 조급증을 버리고 원칙을 세워라.

성급함과 조급증은 버려야 될 산물이다. 큰 성공에는 단계별로 작은 목표를 달성한 성과물들이 있게 마련이다. 단계별로 올라가다 보면 큰 목표를 달성하게 된다. 시작단계부터 조급증을 갖다보면 마지막 단계에 이르기도 전에 포기해 버리고 마는 경우가 허다하다. 한 번 도끼질에 나무가 쓰러지지 않는다. 여러 번 천천히 누적된 도끼질에 나무가 쓰러진다는 사실을 알아야 한다. 양적변화가 질적변화로 발전하듯이 질적변화가 나타날 때까지 조급증을 버리고 꾸준한 마음으로 정진하는 자세가 필요하다.

논어 자로편에 욕속부달(欲速不達)이란 말이 있다. 빨리 도달하고자 조급증을 부리면 오히려 도달하지 못한다는 뜻이다. 어떠한 일을 추진함에 있어 가까운 목표부터 달성하여 먼 곳의 목적지까지 이르도록 해야 한다. 아무리 급하더라도 바늘허리에 실을 매어 쓸 수는 없지 않은가. 자신이 정한 원칙에 따라 꾸준히 전진하는 자세가 필요하다. 빨리 이루고자 하는 욕망은 기나긴 인생에서 나타나는 일시적인 현상에 불과하다. 동일한 것이라도 '긍정의 미학을 어떻게 정립하느냐? 시각을 어떻게 바꾸느냐?'가 중요하다.

독자들은 지난 2008년의 '미국산 소고기 광우병 파동'을 잘 기억할 것이다. 국민 다수는 미국산 쇠고기를 먹으면 광우병에 걸린다며 광화문 촛불집회를 주도하며 정국을 뒤흔들었다. 당시 어느 누구도 미국산 쇠고기를 먹어도 광우병에 걸리지 않는다는 말을 할 수 없었다. 그저 여론에 따를 뿐이었다. 그 당시 필자는 미국산 쇠고기만 광우병에 걸린단 말인가. 한국산이나 호주산, 뉴질랜드산, 중국산 쇠고기는 괜찮고 미국산만 문제라는데 이해를 하지 못했다. 미국산 쇠고기도 필요하면 수입할 수밖에 없다는 나만의 원칙이 머릿속에 자리 잡았다. 대중들과는 완전히 다른 원칙이었다. 그러나 2017년 지금의 상황은 미국산 쇠고기가 최고급 쇠고기로 다시 각광을 받고 있다. 당시 자신만의 원칙을 갖지 못하고 다수의 여론에 흔들리던 사람들은 어떠한가? 아마도 지금쯤 식탁에 미국산 쇠고기를 올리고 있을 것이다. 다수가 지지한다고 해서 반드시 옳은 것만은 아니다. 나만의 원칙도 중요하다.

5) 긍정적인 마음으로 행복을 선택하라.

중앙아시아를 방문했을 때의 일이다. 구소련 치하에서 만들어진 리프트를 타고 산악지대 위를 지나가고 있었다. 앞에 앉은 일행은 너무 높이 떠가는 리프트에서 무섭다는 생각에 눈을 감았다. 뒤에 앉은 필자는 이때 아니면 언제 다시 이처럼 높은 리프트를 타 볼 수 있을까라는 생각에 주변을 두리번거리며 즐기기 시작했다. 고소공포증은 아예 없었고 세상이 아름답게만 보였다. 앞의 일행은 이 아름다운 풍광을 보지 못했으리라. 같은 대상이라도 어떻게 생각하느냐에 따라 우리의 마음과 태도와 행동이 달라진다. 긍정적인 생각과 태도는 우리를 행복하게 만든다.

세상에 절대적인 행복은 없다. 자신이 선택할 행복이 도처에 널려있을 뿐이다. 우리가 가진 것을 어떻게 바라보느냐가 행복을 결정한다. 그렇기 때문에 행복은 우리 주위에 서성이며 언제 선택받아질지 기다리고 있는 것이다. 행복은 자신의 선택이다.

6) 포기할 줄도 알아라.

한나라의 유방(劉邦, BC 256~BC 195년)은 백수건달로 시작하여 천하를 통일하였다. 기원전 203년 유방에 비해 군사적으로 우위를 지켰던 귀족 출신 항우(項羽, BC 232~BC 202년)는 중원 한 가운데를 가르는 홍구(鴻溝)를 경계로 천하를 동서로 나누자는 유방의 화의(和議) 제의에 합의한다. 그리고 자신이 포로로 잡고 있던 유방의 부모와 처자식을 돌려보냈다. 명분과 명예를 중시하던 항우는 유방과의 화의를 철석같이 믿고 유방을 포위했던 군대의 말머리를 돌려 철수하기 시작하였다. 그런데 표리부동한 유방은 포위를 풀고 철수하던 항우의 배후를 갑자기 공격했다. 졸지에 수세에 몰린 항우는 해하(垓下) 전투에서 패하고 말았다.

500명의 군사로 50만 명의 포위망을 뚫었던 항우도 사면초가(四面楚歌)인 상황에서는 천운이 다했음을 깨닫고 군사적 대결을 포기한다. 오강을 건너 후일을 도모하자는 권고에도 불구하고 “내가 강동의 젊은이 8천명을 전쟁터에게 죽게 했는데 무슨 낯으로 그들의 부모를 다시 대하겠느냐”며 도강을 거부하였다. 그리고 자신이 가장 사랑한 여인 우희에게 유방에게 건너가 목숨을 보전하도록 권유한다. 유방이 우희를 좋아하고 있음을 알고 있던 지라 적에게 보내서라도 사랑하는 여인을 살려보고자 하는 진정한 마음에서였다. 그러나 우희는 “천하통일을 목전에 두었던 황제께서 어찌 일개 계집의 안위를 마음에 두고 계십니까”라며 자결함으로써 영원히 항우의 곁에 남게 된다. 한때는 영웅이었지만 지금은 초라한 항우를 끝까지 지켜주고 함께 삶을 마감한 우희(虞姬)! 천하를 호령하던 주인의 자결을 목격하자 오강에 뛰어들어 죽음을 선택한 오추마(烏騅馬)! 더 이상의 전투가 무의미함을 깨달은 항우는 모든 것을 포기하고 자결함으로써 우희의 사랑과 오추마의 충성을 동시에 얻게 된다.

이와 반대로 유방은 천하를 통일했지만 반역을 두려워한 나머지 자신과 생사고락을 같이했던 생명의 은인들인 한신, 영포, 팽월을 죽이고 번쾌까지 죽이려다 영포와의 싸움에서 입은 상처가 원인이 되어 쓸쓸히 생을 마감했다. 외롭고 고독한 죽음이었다. 유방의 아내 여후도 권력욕에 치우친 나머지 한신과 팽월의 처형을 주도하고 손자인 황제까지 죽이는 등 4대 황제에 이르는 무려 16년 동안이나 무소불위의 권력을 휘두르다 죽었다. 그녀가 죽자 그녀의 일족은 몰살당하였다.

항우는 죽음으로서 사랑과 충성과 명예를 한꺼번에 거머쥐었다. 항우와 우희는 정치적으로는 패배자일지언정 문화적으로는 천명에 순응하여 시적인 죽음을 맞이한 진정한 승리자가 된 것이다. 반면 유방과 여후는 최후의 순간까지도 권력욕을 포기하지 못한 채 자신의 충복들을 하나둘씩 제거하다 죽어갔다. 과연 누가 진정한 승리자일까?

그렇다고 일을 조금 추진하다 힘들면 마냥 포기하라는 소리가 아니다. 실현 불가능한 허황된 꿈이나 결코 달성할 수 없는 환상을 포기하라는 것이다. 사소한 이해득실을 따지지 않고 과감하게 양보하면 근심과 걱정이 사라지고 마음이 편안해 지게 된다. 물질 만능주의 사회에서 조그마한 이익을 포기하면 물질적인 이익은 잃더라도 다른 사람의 마음을 얻을 수 있지 않을까?

7) 결단력을 키워 행동하라.

항우는 오강에서 잠시 머뭇거렸을 것이다. 오강을 건너야 할까? 아니면 깨끗이 패배를 시인해야 하는 것일까? 항우는 도강을 포기했다. 이 또한 결단력이다. 물론 신중하기 위해서는 3번 정도는 생각해 봐야 된다. 그러나 너무 기간이 길면 아무 것도 이룰 수 없다. 어느 나그네가 강가에 서서 옷이 젖을까봐 망설이고만 있다면 하루가 다 지나도록 강을 건널 수 없을 것이다. 옷을 버리던지 아니면 도강을 포기하던지 결정해야 한다. 망설이지만 말고 생각났다면 즉시 행동에 옮기는 결단이 필요하다.

어느 조각가가 레오나르도 다빈치를 능가하는 완벽한 조각을 완성하겠다고 결심했다. 그러나 시간이 흘러도 조각가는 조각을 하지 않았다. 그때 한 친구가 "언제 조각을 시작할 것인가?"하고 물었다. 조각가는 "가장 완벽한 조각상을 만들기 위해 구상 중인데 도무지 허리선을 어떻게 처리해야 될지 모르겠다"고 대답했다. 다시 2년이 흘렀다. 조각품을 보기 위해 작업장을 방문했던 친구는 조각가에게 물었다. "조각품이 어디 있지?" 조각가는 "얼굴과 머리를 어떻게 다듬을지 구상중이다"라는 답변을 했다. 다시 세월이 흘렀으나 조각가는 완벽한 조각상을 머릿속으로 구상만 할 뿐 결코 실행하지 못하고 죽었다.

어느 정도 선에서 결단을 내리고 조각을 실천했어야 했는데 결단력이 부족하여 실천하지 못한 결과였다. 주저하고 망설이고 시간만 끄는 것은 소중한 삶을 낭비하는 어리석은 행동일 뿐이다. 목표를 설정했다면 결행하라. 행동했다고 해서 반드시 만족할 만한 결과를 얻는 것은 아니다. 그러나 행동하지 않는다면 어떠한 결과도 얻을 수 없다. 훌륭한 업적은 앎에 있는 것이 아니라 행함에 있다.

8) 믿음을 갖고 꿈을 펼쳐라.

독일의 가난한 가정에서 태어난 리바이 스트라우스(Levi Strauss, 1829~1902)는 귀족의 딸과 사랑에 빠졌지만 여자 가족의 반대로 실연의 아픔을 맛보아야 했다. 실연의 상처, 유대인 차별, 지독한 가난 등은 그를 골드러시가 한창인 미 서부 샌프란시스코로 가족들과 이주하도록 만들기에 충분했다. 그의 직업은 금광 광부들에게 천막을 파는 일이었다. 그는 직물과 천막 수선 재봉사였던 어머니의 영향을 받아 패션에도 어느 정도 안목을 갖게 되었다. 직물과 천막을 팔고 있던 그의 눈에 한 광부의 너덜너덜해진

옷이 들어왔다. 그때 그의 머리에는 튼튼한 직물인 천막을 잘라 바지를 만들면 좋겠다는 생각이 떠올랐다. 1871년 금광을 개발하던 광부들은 아무리 입어도 해지지 않는 리바이의 천막 바지(Levi's Tent Trousers)를 주목하기 시작했다. 리바이는 한 걸음 더 나아가 장시간 사막에서 노숙생활을 하던 광부들이 방울뱀의 습격을 받지 않도록 콩과(科) 식물에서 추출한 자연 염색액으로 누런 텐트를 파랗게 염색해서 오늘날의 청바지를 만들었다. 방울뱀이 파랑 색소인 인디고(Indigo) 색채를 싫어했기 때문이었다. 한편, 라트비아 출신의 제이콥 데이비스는 바지 주머니의 모서리를 튼튼하게 만들기 위해 구리 못을 박는 방법을 고안한다. 하지만 특허비용이 없어 리바이 스트라우스를 찾아가 협력을 제안하게 되었다. 리바이 스트라우스는 1873년 5월 30일 제이콥 데이비스와 공동명의로 청바지 특허를 신청했다.

청바지 신화는 160년 가까운 세월 동안 깨지지 않고 있다. 매년 18억 장에 이르는 청바지가 팔려나간다. 리바이 스트라우스가 성공할 수 있다는 꿈과 자신에 대한 믿음이 없었다면 이처럼 청바지를 만들 수 있었을까? 좌절을 딛고 꿈을 실현하기 위해 미국행을 택했던 그였기에 가능한 일이었다. 인간 세상에서 부족한 것은 기적이 아니다. 변함없이 뜻을 이루려는 의지와 믿음이 부족한 것이다. 자신에 대해 믿음이 부족한 사람들은 실패를 변명과 합리화로 일관한다. 그러나 꿈과 믿음을 가진 자는 실패를 성공의 어머니로 삼아 비록 실패와 좌절이 있을지라도 다시 일어나 도전한다. 마음속에 의심을 품는다면 또다시 실패할 것이지만 믿음으로 정진한다면 결국 성공할 것이다.

9) 호소력 있게 말하라.

그리스신화에 등장하는 카산드라는 예지능력을 받아 트로이의 멸망과 같은 미래에 닥칠 무서운 일들을 경고했지만 사람들은 그녀를 미친 사람 취급했다. 아무도 그녀의 말을 귀담아 듣지 않은 것이다. 호소력과 설득력이 없었던 것이다.

호소력 있는 말은 속도가 적당해야 하고, 목소리가 지나치게 크거나 작지 않아야 하며, 발음이 뚜렷하고 요점과 결론이 명확해야 하며, 적당한 리듬을 탈 줄 알아야 하며, 자신감과 열정을 보여줘야 한다.

10) 사고방식의 전환을 시도하라.

필자가 어느 대학의 입학홍보처장으로 근무할 때의 일이다. 구조개혁 예산 등으로 대학의 재정형편이 갈수록 악화되고 있었다. 벌써 7년이 넘게 등록금을 동결하고 있는 상태였다. 그런데 평소 지출되는 대학 예산이 있는 가운데 별도의 구조개혁 예산이 편성되어 2중 구조의 예산현황을 보였다. 이때 필자는 정기적인 대학 예산과 구조개혁 예산이 별도로 편성될 필요가 없다는 생각을 했다. 대학 예산에 구조개혁 예산의 목(目)을 맞춰 집행해나가면 될 것을…. 총장은 필자에게 관련 예산 기획부분을 맡겼다. 예산 절감은 물론 효율성을 기한 판단이었다. 다른 교수들이 대학 예산과 구조개혁 예산이 별도라고 생각하고 있을 때 역발상을 한 결과였다.

사고(思考)는 중요하다. 스스로 성공이 불가능하다고 생각하면 성공은 점점 멀어진다. 자신의 한계를 자신이 결정해 버림으로써 그 이상의 도약을 하지 못하는 것이다. 불가능할 것이라는 '자기(自己) 한계(限界)'적 생각을 과감히 떨쳐버리고 사고방식을 획기적으로 전환하는 자세가 필요하다.

11) 영감과 직감을 따라라.

영감(靈感)은 예술과 과학적인 창조과정에서 갑자기 나타났다 사라지는 것으로서 논리적인 사유(思惟)처럼 긴 시간 동안 지속되지 않는다. 단 몇 초 만에 사라지기도 한다. 영감은 특정 사안에 대해 오랫동안 고민하던 중 문득 떠오르는 해결책이자 문제의 답을 찾게 해주는 일종의 힌트다. 영감을 주관적인 것이라고 말하기도 하지만 사실은 오랫동안 고민한 결과로써 나타나는 객관적인 현 상황을 반영한 것이다.

직감(直感)은 논리적인 사유와 논증을 거치지 않고도 사물의 진상을 느껴서 깨닫게 되는 것이다. 플라톤은 '인간은 직감을 통해 지혜의 가장 높은 수준에 오를 수 있다'고 말했다.

영감과 직감은 고민하던 문제의 답이 될 수 있다. 그러므로 영감과 직감이 떠오르거든 이를 믿고 실천해 보는 것이 좋다. 문제를 두루 생각하면서 내면의 잠재된 창조력을 끄집어 낼 수 있도록 노력해야 영감과 직감도 떠오른다는 사실을 알아야 한다.

12) 지도자의 자질을 키워라.

(1) 리더는 솔선수범하는 태도를 보여야 한다.

자신은 항상 늦게 출근하면서 직원들에게는 일찍 출근해야 된다는 말은 어불성설이다. 자신이 주인이기 때문에 자신은 아무렇게나 행동해도 된다는 말인가. 윗사람이 몸가짐을 단정히 하고 솔선수범하면 엄한 명령을 내리지 않아도 아랫사람이 자발적으로 따르기 마련이다.

(2) 리더는 약속을 지킬 줄 알아야 된다.

기업의 리더가 신뢰를 기본으로 자신이 한 말에 책임을 질 줄 알면 직원들을 하나로 뭉치게 할 수 있다. 그렇기 때문에 리더라면 약속을 하기 전에 자신이 지킬 수 있는 것인지를 먼저 생각해 봐야 한다. 약속은 지키라고 있는 것이기 때문이다.

(3) 리더는 침착해야 한다.

리더가 침착함을 잃으면 이성적인 사고를 할 수 없게 되고 감정의 기복이 커져 조직 전체를 위험에 빠뜨리게 된다. 촉의 유비는 관우가 죽자 제갈량 등 충신들의 만류에도 불구하고 오나라를 정벌하러 나선다. 침착하지 못한 결단은 결국 패배를 부르는 참담한 결과를 초래했다. 리더는 개인적인 이해득실에 얽매여서는 안 되고 좋은 언행으로 일관해야 하며, 자신의 단점과 잘못에 대해 엄격해야 객관적인 해결책을 찾을 수 있다.

2. 타인 존중

1) 타인의 말을 경청하라.

나이가 들수록 타인의 말을 들어주는 것보다는 자신의 말을 많이 하게 마련이다. 남의 얘기를 들을 때는 무료(無聊)하고 따분하지만 자신이 말할 때는 시간가는 줄 모른다. 될수록 말을 줄이고 타인의 말을 경청하는 가운데 타인이 나의 잘못을 지적하면 솔직하게 시인하고 개선하려는 노력을 해야 한다. 그냥 말만 들어주기보다는 들은 얘기를 토대로 자신에게 반영시키는 것이 필요하다. 상대방이 나의 잘못을 지적한다고 해서 분노하거나 즉시 반박하지 않아야 한다. 물론 잘못된 일이 아닌 오해는 반드시 해명을 해야 하지만….

언변이 뛰어난 사람을 성숙한 사람이라고 말하는 사람은 없을 것이다. 많은 정치인들은 자신의 말만 화려하게 구사할 뿐 남의 말을 경청하지 않으며 솔선수범하지 않기 때문에 국민들의 존경을 받지 못한다. 입이 하나고 귀가 둘인 까닭은 말은 줄이고 많이 들어주라는 뜻인데…. 경청할 줄 아는 사람이야말로 성숙한 사람이고 겸손한 사람이다. 상대방이 하는 말을 들어주며 간략한 평가를 한다든지, 고개를 끄덕인다든지, 표정으로 상대방을 이해한다는 등의 반응을 표시해 주는 것이 좋다. 경청은 곧 관심이기 때문에.

나를 칭찬해주고 내 편만 들어주는 말을 경청해야 하는가? 아니면 어떤 때는 나의 잘못을 지적하고 나에게 당당하게 대하는 사람의 말을 경청해야 하는가? 그것은 순전히 독자의 판단이다.

2) 관용을 베풀어라.

우리들은 흔히 쓸데없는 일로 타인과 경쟁을 하며 미움과 원망으로 가득 찬 생활을 보낸다. 과거를 잊지 못하고 원한에 사무쳐 지낸다면 자기 자신의 영혼도 피폐해지기 마련이다. 관용(寬容)은 마음의 평정을 유지하는 가운데 타인의 잘못한 행위를 직시하고 잘못을 바로잡도록 기회를 주는 것이다. 즉, 너그럽게 용서하고 받아들인다는 뜻이다.

남이 지적한 자신의 잘못에 대해 불만을 갖는 것도 피해야 할 태도 중 하나다. 입장을 바꿔 생각해 보면 명백해질 일을 단지 그 당시 기분이 나빴다고 해서 험담과 악의적인 비난을 퍼부어서는 안 된다. 남에 대한 비난을 포기하는 것도 지혜다. 포기할 줄 아는 자만이 성공할 수 있다. 포기의 대상에는 많은 분야가 있다. 잘못을 저질렀을 때는 합리화를 시도하려는 마음을 포기하고 자신의 잘못을 시인한다면 상대방으로부터 관용을 이끌어낼 수 있다. 잘못과 실패는 성공에 한 발짝 더 다가갈 수 있는 징검다리가 아니던가.

용서와 관용은 남을 위한 것이 아니라 바로 나 자신을 위한 것이다.

3) 겸손을 생활화하라.

그리스의 철학자 소크라테스에 얽힌 일화다. 한 제자가 스승에게 하늘과 땅이 얼마나 떨어져 있는지를 물었다. 소크라테스는 즉시 삼척(三尺)이라고 대답했다. 그러자 제자가 "사람의 키도 오 척이 넘는데 어찌 하늘과 땅이 삼척 밖에 떨어져 있지 않다는 겁니까?"라고 다시 물었다. 이에 스승은 "그러니까 키가 삼척을 넘어가는 사람은 고개를 숙여야지"라고 답변했다. 사람은 겸손할 줄 알아야 된다는 지혜를 우회적으로 설명한 것이다. 세상에는 나보다 훨씬 훌륭한 사람도 있기 마련이다. 그러므로 항상 언행에 있어 자신을 낮출 줄 알아야 한다.

실패했을 때 타인의 비난과 공격에도 아랑곳하지 않고 자신의 자존심을 굽혀 다음을 기약하는 것이 좋다. 성공을 거두고 싶다면 한 순간의 좌절과 실패를 이겨내고 잠시 고개 숙여 타인의 존경심과 신뢰감을 얻어내는 것이 필요하다. 인내하며 겸손한 태도를 취하는 것이 인간관계에서 중요한 요인이 된다.

남에게 존경받고 싶다면 자신을 낮춰 남을 존중하는 법부터 배워야 한다. 겸손한 태도로 남을 존중하는 법을 생활화한다면 진정으로 사랑과 존경을 받을 수 있게 된다. 남을 어떻게 대하느냐에 따라 남들도 나를 대하는 태도가 달라질 것이다.

4) 비판적 언어도 아름답게 꾸며라.

필자가 직장에서 있었던 일이다. 정말 산수(算數)를 잘 하지 못하는 직원이 있었다. 통계를 작성할 때마다 퍼센티지(percentage)를 틀리곤 했다. 어떤 때는 너무 중요한 일인데 숫자가 틀려 난감한 때도 있었다. 그때마다 화가 머리까지 치밀었지만 꾹꾹 눌러 참았다. 어느 날 필자는 그 직원을 불러 전체 수에서 산출된 수를 %로 계산하는 방법을 설명했다. 그리고 "교양 있고 모든 사람에게 인정받는 사람도 하나씩 못하는 것이 있어. 우리 ○○씨는 다 갖췄고 다 잘해서 좋은데 딱 한 가지 숫자만 조금 신경쓰고 집중하면 완벽한 사람이 될 거야"라고 말했다. 그 다음부터는 계산이 틀리지 않았다. 그가 아리송하게 생각하는 계산식을 가르쳐 주고 아름다운 말로 칭찬을 곁들여 비판했던 결과는 의외로 좋은 반응을 불러왔다. 효과적인 비판은 상대방의 자존심을 건드리지 않아야 한다는 점을 염두에 둔 결과였다. 언어는 아름답게 꾸며야 하고 말은 감정을 자극하지 말아야 한다.

5) 상대의 좋은 점만 말하라.

칭찬은 고래도 춤추게 한다고 하지 않던가! 인정과 칭찬을 들으면 기분 좋고 조롱과 비난을 받으면 기분 나쁜 것이 세상 이치다. 원래 몸에 좋은 약은 입에 쓰다고 한다. 지적과 비판은 쓴 약이나 마찬가지다. 몸에 좋은 쓴 약도 너무 쓰면 먹지 않는다. 아무리 진심어린 충고라도 듣기에 거슬린다면 누가 받아들이겠는가. 세상을 살면서 남과 충돌이 없는 사람은 없다. 갈등이 발생할 때 막무가내로 우기면 사태는 더 악화되고, 그렇다고 무조건 양보만 하자니 억울하다. 이럴 때에는 상대를 칭찬하면서 서로 한 발씩 양보하는 미덕을 찾아보자. 상대방의 입장을 배려(易地思之)하여 말하는 법을 터득해 보는 것도 좋을 것이다. 쓴 약을 처방할 때는 항상 감초를 넣어 약간 달게 만들어 주는 것이 한방의 비법이 아닌가.

3. 품성 완성 방법

1) 자신의 개성을 살려라.

품성이란 인격적인 매력이 내면에서 외면으로 드러나는 것이다. 개성이 두드러진 사람은 다른 사람들에게 깊은 인상을 남긴다. 즉, 내적으로나 외적으로나 아름다운 개성을 가진 사람이 타인의 인정을 받는다는 의미다. 사람마다 개성이 다르기 때문에 자기 주관 없이 휩쓸려 다니면 결국 자아를 잃게 된다. 자아실현은 성공과 밀접한 상관관계에 있기 때문에 자기만의 개성으로 자기를 표현해야 한다. 개인은 세상에서 유일무이한 하나의 존재이기 때문에 다른 사람의 개성과 똑같아야 된다는 법이 없지 않은가.

2) 내면의 소리에 충실하라.

다른 사람의 의견을 경청하고 존중하는 자세도 중요하지만 자신만의 내면의 기준에 충실할 필요가 있다. 다른 사람의 말에 줏대 없이 흔들리지 말아야 한다는 뜻이다. 많은 사람의 의견을 듣고 신뢰하는 소수의 사람들과 상의한 뒤 자신 스스로 결정하라. 결국 모든 결정은 가기 자신이 내리는 것이다. 타인에게 도움은 받되 전적으로 의존하지는 말며, 자신의 내면이 진정 원하는 것을 실천해야 된다.

3) 실력을 쌓아 한 가지 목표를 추구하라.

하늘은 스스로 돕는 자를 돕는다. 이 말은 스스로 실력을 쌓아 목표를 추구해야만 기회가 주어질 때 그 일을 행할 수 있게 된다는 뜻이다. 행운은 우연히 찾아오는 것이지만 행복은 목표를 추구하는 과정에서 이뤄지는 것이다. 행복해지려거든 목표를 정해 꾸준히 노력해야 한다. 성공이 우연히 이뤄졌다고 말하는 이도 있지만, 그 과정을 살펴보면 우연조차도 준비된 사람에게 다가온다는 사실을 알게 될 것이다.

세계적인 성악가 고 루치아노 파바로티(Luciano Pavarotti)는 교사를 양성하는 사범대학을 졸업했다. 그는 아버지에게 교사를 선택해야 할지 아니면 자신이 진정으로 좋아하는 성악가를 선택해야 하는지를 물었다. 그때 그의 아버지는 "두 의자가 있는데 두 의자에 한꺼번에 앉을 수 있느냐? 제대로 앉으려면 한 의자에만 앉아야 된단다"라고 말해 주었다. 그는 최종적으로 자신에게 가장 적합한 목표를 하나 선택하고 전력을 기울인 결과 오늘날 세계적인 성악가로 우뚝 서게 되었다.

인성 지도 및 상담

<실습/토의>

Personality coaching and counseling

1. 품성이 무엇인지 기본개념을 논의해 보자.

2. 좋은 품성을 기르기 위해서 어떻게 해야 하는지를 살펴보자.

3. 인간적인 매력을 갖기 위해 개성을 어떻게 발전시키는 것이 바람직한지를 토의해 보자.

4. 인문사상과 행동원칙으로 품성론을 어떻게 활용하는 것이 좋은가?

인성 지도 및 상담

<핵심정리>

Personality coaching and counseling

1. 대부분의 사람들은 품성이 좋고 나쁨을 예의를 제대로 갖췄느냐에 따라 평가하곤 한다. 그렇기 때문에 품성론의 기본 전제는 예(禮)를 바탕으로 이뤄진다. 끊임없는 연습을 통해 예를 몸에 배도록 교육하는 것이 품성론의 핵심이다.
2. 품성은 눈에 보이지 않는 무형의 자산이다. 예의와 겸손이 바탕에 깔린 품성은 인간적인 매력을 발산하도록 만들고 타인으로부터 사랑과 신뢰를 한 몸에 받을 수 있도록 한다. 개성을 살린 불굴의 노력이 자신의 성공에 밑거름이 된다.
3. 사람들은 자신의 말과 행동을 통해 주변 사람들에게 영향을 미치고 있으며, 고유의 아름다운 문화와 역사를 창조해 나가고 있기 때문에 긍정적인 마음, 관용의 마음, 자신감, 자기 통제 및 자기 관리, 말의 품격을 높이도록 노력해야 한다.

인성지도 및 상담

교과명 5 감정지능(EQ)

교과명 6 갈등관리

교과명 7 분노조절

CHAPTER

03

타인 이해하기

personality coaching and counseling

성인 지도 및 상담

교과명 5 | 감성지능(EQ)

개 요

감성지능(EQ: Emotional Intelligence)이란 용어는 1990년 미국 예일대학의 피터 샐로비(Peter salovey) 교수와 뉴햄프셔 대학의 존 메이어(John Mayer) 교수가 학술논문에 처음 사용하였고, 이어 심리학자인 대니얼 골먼이 이 개념을 주제로 하여 『EQ 감성지능(Emotional Intelligence)』이란 책을 출간하였다. 이후 〈타임〉지 기사로 소개되면서 수백 편의 박사학위 논문이 발표되는 등 폭발적인 반응을 불러일으켰다. 그 당시 성공의 척도는 IQ(Intelligence Quotient)가 대세였다. IQ가 선천적으로 타고난 것인지 아니면 경험으로 학습되는 것인지 열띤 논쟁이 벌어지고 있었다. 이때 돌연 등장한 성공에 대한 새로운 개념이 감성지능인 것이었다. IQ는 인간의 지적능력을 측정하는 데는 유용한 수단이지만, 성공을 측정하는 데는 한계가 있고, 그 한계를 설명해 줄 수 있는 척도가 감성지능이라는 것이다. 감성지능은 SEL(Social and Emoitional Learning) 프로그램으로 도입되어 전 세계 수많은 학교에서 활용되고 있으며 교육자들의 열렬한 환영을 받았다. 또한 경영분야, 특히 자기계발 영역과 리더십 증진을 위해 개인과 기업에서 활발히 활용되고 있는 성공기법 중 하나이다. 감성지능은 자기감정 이해능력, 자기감정 조절능력, 동기부여능력, 타인감정 이해능력, 인간관계능력 등으로 구성된다.

학습목표

<일반목표>

- 감성지능은 타고난 지능이 아니라 후천적으로 계발 가능한 능력으로 성공을 위한 자기계발의 발판으로 삼아 지속적인 노력을 하도록 한다.
- 자신의 감정을 이해하고 자기감정 조절능력을 통하여 더 나은 삶을 개척할 수 있고, 인생의 주인공으로 참다운 삶을 영위할 수 있다.

- 타인의 감정을 이해하고 배려하여 대인관계능력을 형성하고 더불어 사는 민주시민으로 충실한 삶을 살 수 있다.

<세부목표>

- 자기감정을 잘 이해하고 적극적인 삶을 개척할 수 있다.
- 자기감정을 조절하는 능력을 통하여 충동을 통제할 수 있다.
- 동기부여능력을 통하여 실패를 기회로 삼고 다시 회복할 수 있다.
- 타인의 감정이해를 통하여 타인을 배려하는 이타심을 형성할 수 있다.
- 인간관계능력을 통하여 대인관계를 개선할 수 있다.

주요 용어

지능지수 IQ, 감성지능 EQ, 자기감정 인식능력, 자기감정 조절능력, 동기부여능력, 타인의 감정이해능력, 인간관계능력

1. 감성지능(EQ)이란?

1) 성공에 미치는 영향

미국 카네기공대 졸업생을 대상으로 성공에 미치는 영향을 추적 조사한 결과, 전문적 지식이나 기술이 15%, 인간관계가 85%라고 한다. 1969년 인류 최초로 아폴로 11호가 달나라에 착륙했을 때 이야기이다. 우주비행을 성공리에 마치고 막 돌아온 「버즈 올드린」에게 기자가 물었다. "이제 우주를 갔다 왔으니 인간에게 남은 미개척분야가 어디일까요?"라는 질문에 올드린은 조금도 망설임 없이 "아마도 인간관계가 아닐까요?"라고 대답했다. 그만큼 인간관계가 어렵고 중요하다는 말이다. 인간관계는 먼저 자기 자신에 대한 이해에서 출발한다. 그리고 타인의 감정을 이해하고 서로 소통함으로써 신뢰가 쌓이고 그 바탕 위에서 좋은 관계가 형성될 수 있다.

2) IQ(Intelligence Quotient)와 EQ(Emotional Intelligence)

IQ는 유전적 영향으로 선천적으로 물려받은 지능지수를 의미한다.

부모의 DNA인 유전자를 물려받은 것으로 돌연변이를 제외하고는 거의 모두 부모의 유전자를 닮는다. 80% 정도가 타고난 것이며 20% 정도가 태어난 환경에 의해 후천적으로 계발된다.

그러나 EQ는 선천적으로 물려받은 능력이 20% 정도이며 반대로 후천적으로 계발된 능력이 80% 정도이다. EQ는 후천적 환경 속에서 얼마나 노력했느냐에 따라 발전하는 것이다. 감성지능은 타고나는 것보다 어렸을 때부터 지지해 주고 격려해 주는 가정환경과 학교환경에서 발달한다. 성장한 후에도 자기계발을 위해 노력하거나 인간관계의 중요성을 인식할 경우 발전한다.

• 금붕어 양어장의 밥주기

필자에게 어린 시절의 경험은 놀라운 것이었다. 초등학교 시절 양어장을 한다는 친구네 가두리 양어장을 가게 되었다. 친구는 "잠깐만 기다려봐! 내가 신기한 거 보여줄게!"하더니 깡통과 나무 막대기 하나를 가져왔다. 잠시 후 깡통을 두드리니 오색단풍처럼 형형색색의 금붕어들이 떼지어 몰려들었다. 필자는 그 광경이 너무 경이적이어서 한동안 말을 잊은 적이 있다. '밥 주는 줄 알고 몰려 왔다'는 설명을 친구에게 들었지만 '어떻게 냄새도 맛도 없는 깡통 소리에 저렇게 금붕어가 몰려올 수 있는가?' 궁금했다. 훗날 파블로프의 고전적 조건형성을 배우고야 그 의문이 풀렸다. 『파블로프의 개』는 훈련을 통해 종소리의 중성 자극이 무조건 자극인 음식과 반복적으로 연합되어 종소리만 듣고도 개가 침을 흘린다는 것을 밝혀낸 실험이다. 두 경우를 살펴볼 때 교육과 반복적 훈련이 왜 중요한지 또한 사람도 후천적 노력으로 얼마든지 변할 수 있다는 교훈을 보여 주는 사례라 할 수 있다.

3) EQ의 탄생배경

IQ가 인간의 지능지수를 측정하는데는 유용한 도구이지만 성공의 척도를 평가하는데는 그 상관관계가 그리 크지 않다는 문제의식에서 EQ가 탄생했다. 실제로 1940년대 95명의 하버드대학 출신들을 추적 조사하였는데 당시 성적 상위자였던 학생들이 성적 하위자였던 동료들에 비해서 봉급,

생산성, 지위에서 그리 성공적이지 못하였고 사회적인 관계나 가정에서도 큰 행복을 누리는 것도 아니었다(대니얼 골먼, 황태호 역(1997). 「감성지능 EQ」, 비전코리아).

그 후 하버드대학에서 450명의 가난하고 IQ가 낮은 이민 2세들에 대한 추적조사에서도 IQ와 성공 사이에는 큰 연관성이 없는 것으로 밝혀졌다. 1981년 일리노이 고등학교 수석 졸업자와 차석 졸업자 81명을 대상으로 연구한 결과도 고등학교 졸업 10년 뒤 4분의 1만이 그들이 선택한 분야에서 성공을 거두었을 뿐, 나머지는 그보다 훨씬 못 미쳤다.

이러한 여러 가지 사례로 보아 IQ가 성공의 절대적인 기준이라고 보기 어렵다.

> 올바르게 보기 위해서는 마음으로 보아야 한다. 진정 중요한 것은 눈으로 보이지 않기 때문이다. 생텍쥐페리, 『어린왕자』-어른들은 코끼리를 삼키는 보아 뱀의 그림이 모자를 얹어 놓은 그림이라고 한다. 왜 어른들은 반드시 설명해 주어야 할까?

2. 감성지수(EQ)의 구성

1) 자신의 감정을 인식하는 능력

(1) 예일대학의 샐로비 교수와 EQ 이론을 구축했던 뉴햄프셔대학의 심리학과 존 메이어 교수는 자아 인식에 대해서 '자기의 기분을 알고, 동시에 그 기분에 대한 자기 생각도 아는 것'이라고 간결하게 묘사했다. 화가 났을 때 '지금 나는 화가 나 있다'라는 것을 인식하는 것만으로도 더는 그 방향으로 행동하지 않아도 될 뿐만 아니라, 그것을 떨쳐 버릴 수 있는 선택권도 발휘할 수 있게 된다(대니얼 골먼, 황태호 역(1997). 「감성 지능 EQ」. 비전코리아).

(2) 메이어 교수는 인간이 자기 자신의 감정에 대처하는 패턴을 세 가지로 분류하였다. 첫째, 자기 인식형으로 이 타입은 자신의 감정을 인식하는 능력과 어느 정도 감정을 잘 처리하는 능력이 있어 감정을

적절하게 관리할 수 있다. 예를 들면, 화가 났을 때 '내가 화가 나 있거든'이라고 표현한다면 자신은 물론 상대방에게도 조심하자는 메시지가 되어 감정폭발을 예방할 수 있다. 이러한 인식능력은 감성에 관계되는 모든 능력의 기초가 된다. 둘째, 매몰형으로 이러한 타입은 감정에 휩쓸리는 일이 잦고, 감정의 노예가 되어 격한 감정에 압도되거나 감정을 주체하지 못하게 된다. 셋째, 수용형으로 이 타입은 언제나 즐거운 기분을 갖고 있어 변화시킬 동기가 없거나, 방관적인 태도를 유지하다가 고뇌에 빠져 절망의 나락으로 떨어지는 우울증의 환자에게서 발견된다.

(3) 감정의 생리학적 반응은 자신이 감정 그 자체를 인식하기 이전부터 시작된다. 예를 들어, '치과에 가자'는 말만 들어도 벌써 눈물을 뚝뚝 떨어뜨리며 울기 시작하는 어린애 같은 경우이다. 그렇지만 이러한 반응이 인식 범위에 포함되어 입력된다면 치과 의자에 앉아서 입을 벌려 치료를 받기까지는 불안해할 필요가 없는 것이다. 이러한 감정의 자기 인식은 '나쁜 감정을 떨쳐 버리는 능력'이라는 상위 단계의 EQ에 이르는 바탕을 구축하게 되는 것이다.

(4) 자신의 감정을 확실하게 인식하는 능력은 자신의 인생을 주도적인 위치에서 결정할 수 있는 능력을 갖추게 되어 배우자나 직업 선택 등에서 매우 유리하게 작용할 수 있다. 이를 위해 자기감정의 상태, 기분, 자기감정의 수준이 어느 정도인지 명확히 표현할 줄 알아야 한다.

2) 자기감정을 조절하는 능력

(1) 자기감정을 조절하는 능력은 자기 인식을 바탕으로 구축될 수 있다. 자기를 위로하는 능력과 격렬한 불안, 우울, 조바심 따위를 떨쳐버릴 수 있는 능력으로 이러한 능력은 실패와 혼란을 딛고 더욱 높은 도약을 할 수 있다.

화가 나는 상황이 발생하더라도 쉽게 화내지 않고 스트레스를 받더라도 빨리 벗어나는 방법을 가지고 있다.

(2) 자기감정을 조절하는 능력은 충동 자제 노력과 관련이 있다. 즉각적인 만족을 추구하지 않는 '만족 지연능력'이다. 스스로 인내하고 참을 수 있는 능력은 충동적이지 않고 사태를 관조하게 해서 위험에서 벗어나게 할 수 있다.

(3) 화가 났을 때 그 원인을 잠시 분석해서 상대의 입장을 헤아려 보는 것이다. 예를 들어, 정체된 고속도로에서 끼어들기로 차가 들어 왔을 때 '저 ㅇㅇ가?'하면서 분노를 폭발하는 것이 아니고 '아마 위급한 상황이 생겼을지 몰라'하면서 관용의 마음을 가져 보는 것이다. EQ가 높은 사람들은 '욱'하여 행동하지 않으므로 최대한 분노를 조절하는 방법을 선택한다.

• 1966년 미국 스텐퍼드대 미셸박사의 실험

스탠퍼드대 부설 유치원 어린이들을 4세부터 고등학교 졸업까지 14년간 변화를 추적 조사했다. 어린이들에게 좋아하는 마시멜로를 주면서 잠시 나갔다 올 때까지 먹지 않고 참으면 하나를 더 주겠다고 하고 자리를 떴다. 그 결과 나가자마자 먹어 치워버리는 아이, 끝까지 유혹을 참아내고 15분을 버텨내는 아이들로 나누어졌다. 15년 후 변화는 분명하게 드러났다. 유혹을 이겨내고 참아낸 어린이들은 강한 정신력과 자신감이 있었고, 뛰어난 성취도와 적극적인 문제해결력, 원만한 대인관계, 높은 학교 성적을 나타내었다. 반면, 유혹을 참지 못했던 어린이들은 쉽게 짜증내고 자신감이 낮았으며, 사회적 부적응, 비만, 약물중독, 낮은 학교성적을 나타내었다. EQ가 높은 아이는 유혹과 충동에 즉각 반응하지 않는다.

3) 동기부여능력

(1) 어려움에 부닥쳤을 때 감정을 잘 정리하면서 자신을 격려하고 용기를 주면 어려움을 극복할 힘을 얻게 되고 새로운 욕구와 창의성이 증가하게 된다. 이들이 자주 쓰는 말은 '실패는 성공의 어머니', '한 번 실수는 병가지상사(兵家之常事)'라는 말이다. 오뚝이처럼 다시 일어나는 힘, 이것이 동기부여능력이다.

(2) 동기부여능력은 실패했을 때 좌절하지 않고 실패의 원인을 세밀하게 분석하여 새롭게 도전하는 능력이다, 그래서 자신의 가난이나 좌절, 실패를 부모의 탓으로 돌리거나 다른 핑계를 대지 않고 오히려 자신의 성공 발판으로 삼는다.

(3) 세계적인 스포츠 선수들, 올림픽 메달리스트, 세계적인 음악가 등에 대한 연구결과 이들은 혹독한 훈련을 끊임없는 자신에 대한 동기부여로 극복한다고 한다. EQ의 관점에서 볼 때, 희망이란 단어는 높은 성취를 하게 하는 동기부여의 원천이며, 긍정적 낙관주의는 험난한 난관에서도 자신을 독려하고 지키는 동기부여 역할을 한다.

4) 타인의 감정을 인식하는 능력

(1) 사람들은 주로 자기중심적인 생각을 하게 된다. 그러나 한 발쯤 물러서서 다른 사람의 감정을 이해하고 헤아려 주는 마음은 관계 형성에 큰 영향을 준다. 지옥과 천국의 차이를 간단히 설명하는 이야기가 있다. 식사할 때 수저의 길이가 너무 커서 밥을 떠 넣기가 힘든데, 지옥에서는 자기만 먹으려 하다가 다 퍼 흘리지만, 천국에서는 서로 떠먹여주며 평화로운 식사를 하더란 이야기이다.

(2) 역지사지의 능력으로 타인의 처지를 생각할 줄 알고 나아가 타인에게 도움을 줄 수 있는 이타주의 마음이다. 눈이 먼 시각장애인이 밤에 호롱불을 들고 길을 걷고 있었다. 지나가던 나그네가 "아니 앞도 안 보이시는데 왜 호롱불을 들고 다니십니까?"하고 물으니 시각장애인은 "다른 사람이 나를 못 알아보고 부딪힐까 염려되어 그러오!"라고 말했다.

(3) 다른 사람과 감정을 공유할 줄 아는 능력이다. 이러한 능력은 타인을 이해하는 능력보다 상위의 개념이다. 함께 아픔을 공유하고 위로하며 용기와 힘을 줄 수 있는 능력이다. 옛말에 '고통은 나누면 절반이 되고, 기쁨은 나누면 두 배가 된다'는 말이 있다.

5) 인간관계능력

(1) 인간관계능력이란 사회적 기술, 커뮤니케이션 기술, 신뢰감 구축, 사교성, 이타성 등과 같이 원만한 대인관계를 이끌어 가는 능력을 말한다. 그러기 위해서는 자기감정 인식능력, 자기감정 조절능력, 동기부여능력, 타인의 감정을 이해하는 능력 등 네 가지 요소를 잘 발달시켜야 한다(홍성민(2004). 「LIFE PLAN」. 서울 생활용품 책자).

(2) 감성지수 EQ에는 정서적 교류를 관리하는 능력도 포함되며, 타인의 감정을 부드럽게 만들 수 있는 능력은 중요한 교류 도구이다. 인간관계에서는 언어적 소통능력과 비언어적 소통능력을 계발해야 한다. 미국의 사회학자 메르비안의 법칙(The Law of Mehrabian)에 의하면 의사소통의 효과가 언어적 요소 7%, 청각적 요소 38%, 시각적 요소 55%로 비언어적 요소가 중요함을 강조하였다.

(3) 인간관계의 능력은 리더의 핵심기술인 조직력, 문제 해결자가 지녀야 할 협상력, 타인과 어울릴 수 있는 감정이입과 연계능력, 타인의 감정이나 동기 및 관심사를 간파하는 분석력이 요구되는데 이러한 능력이 감성 지능인 EQ의 근본이 되는 능력이다.

• 라과디아 판사의 행복한 벌금

100여 년 전 미국 뉴욕에서 한 할아버지가 빵을 훔쳐 먹고 즉결 심판에 나왔다. 빵 가게 주인은 하루도 도둑맞지 않는 날이 없어 고발한 것이다. '전에도 훔쳐 먹은 일이 있느냐?'고 묻자 처음이라며 고개를 떨구었다. 판사는 판결을 내렸다. "법에는 예외가 없습니다. 벌금형 10달러에 처하겠습니다. 대신 피고의 벌금은 제가 내겠습니다. 배고픈 사람들이 거리를 헤매고 있는데 그동안 저는 좋은 음식을 마음껏 먹었습니다. 저 자신에게 10달러 벌금형을 선고합니다. 그리고 피고 같은 어려운 사람에게 아무도 도와주지 않은 여기 계신 분들께도 50센트씩 벌금을 선고합니다." 그때 빵 가게 주인이 나서며 "저도 죄인입니다." 그러자 재판정에 모인 사람들이 너도나도 모자에 벌금을 넣어, 모인 벌금은 10달러의 다섯 배가 넘었다. 판사는 할아버지 손에 그 돈을 쥐여 주며 "다시는 죄를 짓지 말라"고 말했다. 판사는 훗날 뉴욕시장에 세 번이나 당선되어 좋은 정치를 펼쳤으며, 시민들은 '라과디아 공항'을 만들어 그의 업적을 기리고 있다(남미영(2015) 인성학교).

3. 감성지수(EQ)를 높이는 방법

1) 자신만의 공간을 확보하라.

스트레스가 쌓였을 때나 여러 가지 일로 혼란스러울 때 잠시 찾아가 휴식을 취하면 머리가 말끔해졌던 경험이 있을 것이다. 그것이 숲속이든 공원 벤치든 상관없다. 음악이 있는 카페도 좋고 가까운 옥상이나 교회나 성당도 좋다. 지치거나 힘들 때 잠시 쉴 수 있는 자신만의 공간을 확보하는 것, EQ를 높이는 방법 중의 하나이다.

2) 규칙적인 운동을 하라.

평소 건강한 몸과 마음을 유지하는 비결은 규칙적인 운동을 하는 것이다. '건강을 잃으면 모든 것을 잃는다'는 말이 있다. 마라톤 같은 긴 운동이 아니어도 가벼운 조깅이나 산책, 헬스, 배드민턴 등 모든 것이 좋다. 건강을 유지하게 되고 쾌적한 컨디션을 유지할 수 있으며 쌓인 스트레스를 풀 수 있다.

3) 자신과의 대화를 즐겨라.

자신과 대화하는 방법에는 명상법이 있다. 명상은 내면의 세계로 들어가 자신의 마음을 조용히 관조해 보는 것이다. '나는 누구인가?'라는 질문을 자문자답하며 자신에게 물어볼 수 있다. 또한 일기쓰기, 수필쓰기 등이 도움이 될 수가 있다.

4) 취미생활을 즐겨라.

취미생활은 인간생활을 풍요롭고 행복하게 한다. 자신이 좋아하는 것을 하기 때문이다. 우리는 자신의 업무가 자신의 취향에 반드시 맞아서 하지만은 않는다. 그래서 업무에 지칠 때도 있다. 이럴 때 적절한 취미생활은 생활에 활력을 불어넣어 준다. 좋아하는 음악감상, 노래 부르기, 기타 연주, 영화감상, 스포츠, 요리 등 다양한 취미를 개발하여 즐길 필요가 있다.

5) 충동을 조절하고 스트레스를 관리하는 습관을 길러라.

스트레스는 암, 성인병 등 280여 가지 병의 주요 원인이라 한다. 스트레스가 쌓이면 아드레날린과 코르티솔이 분비되어 탈모, 우울증, 불면증, 생리불순, 관상동맥 축소, 소화불량 등이 생긴다. 아드레날린의 독성은 0.05mg으로 어항에 있는 금붕어가 30분 만에 죽을 만큼 강력하다. 코르티솔도 화를 낼 때 숨에서 나오는 독소이다. 따라서 스트레스를 줄이거나 관리하는 자신의 방법을 찾는 것이 중요하다. 운동하거나 산책을 하거나 무엇이든 좋다. 또한 충동을 억제하고 관리하는 방법을 찾아 꾸준히 습관화시키는 것이 좋다.

6) 여행을 떠나라.

한때 TV에 '열심히 일한 당신 떠나라'는 광고가 유행했던 적이 있다. 우리는 가끔 휴식이 필요할 때가 있다. 휴식은 마음의 에너지를 다시 충전시켜 주는 일이다. 여행하며 견문을 넓히고 다른 문물을 접해보기도 한다. 자연과 대화도 하며 마음의 평화를 누릴 수 있다.

7) 멘토로 삼을 존경하는 인물을 만들어라.

자신의 길을 안내해 줄 참된 스승이 있는 것은 매우 중요하다. 정신적으로 괴로워하거나 방황할 때 좋은 가르침이 될 수 있고 힘을 얻을 수 있다. 자신도 그런 사람이 되려고 노력할 때 자신도 모르게 많은 성장을 하게 된다.

8) 상대방의 입장에서 생각하라.

대인관계에서 가장 중요한 것은 역지사지의 노력이다. 상대의 입장에서 바라보면 다툼에서 벗어날 수 있다. 또한, 상대를 이해하게 되어 배려하게 되고 좋은 관계를 유지할 수 있다. EQ가 높은 사람의 행동은 지나친 자기중심성에서 벗어나 타인의 입장에서 한 번 더 생각하고 자기의 감정과 충동만을 앞세워 행동하지 않는다는 것이다.

9) 세상을 긍정적으로 보려고 노력하라.

EQ가 높은 사람들의 특징 중 하나는 세상을 긍정적으로 본다는 것이다. 긍정적인 생각은 모든 것을 잘 될 거라는 믿음 속에서 좋게 바라보는 것이다. 불평불만으로 가득 찬 사람들은 세상을 부정적으로 본다. 이들은 세상을 장점보다는 단점을 보려고 노력한다. 반면 긍정적인 사람은 다른 사람의 장점을 보려 노력한다.

• 오드리 헵번(Audrey Hepburn, 1929년~1993년)의 아름다운 삶

오드리 헵번은 영화 '로마의 휴일'로 많은 사람들로부터 사랑을 받았던 유명한 여배우였다. 그 미모만큼이나 그녀를 사랑하는 것은 그녀가 은퇴 후에도 유니세프 인권대사로 활동하면서 가난과 기아로 허덕이는 아프리카 고아들을 도우며 여생을 보냈기 때문이다. 그녀가 유언으로 아들에게 읽어 주었다는 시의 마지막 구절은 다음과 같다.
'네가 더 나이가 들면 손이 두 개라는 걸 발견하게 된다. 한 손은 너 자신을 돕는 손이고 다른 한 손은 다른 사람을 돕는 손이다.' 그녀의 유언처럼 그녀는 아름다운 모습으로 노후를 보내고 세상을 떠났다.

인성 지도 및 상담

<실습/토의>

Personality coaching and counseling

1. IQ와 EQ를 비교해서 설명해 보자.

2. 자기감정의 인식을 찾아보고 서로에게 개방해 보자.

3. 자기감정 조절능력의 성공 사례를 찾아보고 서로 토의해 보자.

4. 자신의 동기부여 성공사례를 찾아보고 서로 토의해 보자.

5. 타인의 감정을 이해하는 방법을 찾아보고 토의해 보자.

6. 인간관계능력에 필요한 요소를 찾아보고 토의해 보자.

성인 지도 및 상담

<핵심정리>

Personality coaching and counseling

1. IQ와 감성 지능 EQ와의 비교

   지능지수인 IQ는 인간의 지능을 측정하는 데는 유용한 도구이지만, IQ가 반드시 성공의 척도는 아니며 IQ 외에도 감성지능인 EQ가 성공에 지대한 영향을 미친다. IQ는 선천적 요인이나 EQ는 후천적으로 얼마든지 계발이 가능한 것으로 성공적인 인생을 위해서는 EQ를 계발하는 데 노력을 기울여야 한다.

2. 자기감정 이해능력

   자신의 감정을 잘 인식하게 되면 자신이 주도적으로 사는 것이 가능하고, 자신에게 맞는 적성을 찾아 직업선택이 가능하며 배우자를 선택할 때도 중요한 기준이 된다.

3. 자기감정 조절능력

   자기감정 조절능력은 충동적인 자신의 감정을 조절하는 능력으로 '욱'하여 이성을 잃지 아니하고, 즉각적인 만족을 추구하지 않는 '만족지연능력'이다.

4. 동기부여능력

   어떠한 어려움이나 난관에도 굴하지 않고 다시 일어서는 능력으로 실패의 원인을 분석하고 도전하여 성공으로 이끄는 능력이다.

5. 타인의 감정을 이해하는 능력

   자기중심적 생각에서 벗어나 타인의 감정을 이해하고 역지사지로 생각하여 배려하고 이타심을 갖는 능력이다.

6. 인간관계능력

   네 가지 능력이 다 포함된 능력으로 이 네 가지 능력이 어느 정도 단계에 이르러 타인과의 관계에서 원만한 관계를 형성하는 능력이다. 마슬로우의 욕구단계 중 상위의 개념이라 볼 수 있다.

성인 지도 및 상담

교과명 6 갈등관리

개 요

갈등이란 행동주체 사이의 적대적/대립적 상호작용을 말하는 것으로 심리적 대립현상이나 행동적 대립현상으로 나타난다. 일상생활에서 상호 이해관계가 다른 당사자 간의 갈등은 자주 나타나는 현상이다. 이러한 갈등의 결과는 항상 부정적인 결과를 보이는 것은 아니다. 즉, 갈등은 새로운 해결책을 만들어 줄 수 있으므로 갈등을 어떻게 대처하느냐 하는 것은 대단히 중요하다. 이 장에서는 갈등의 개념과 기능을 이해하고 갈등의 다루기 능력 키우기를 위한 기술과 방법을 제시한다.

학습목표

<일반목표>

- 타인에 대한 감정과 표현을 파악할 수 있다.
- 공감의 의미와 표현에 대하여 파악할 수 있다.
- 타인과 친밀해지는 기술과 방법을 적용할 수 있다.

<세부목표>

- 갈등이란 무엇인가를 이해한다.
- 갈등의 순기능과 역기능을 이해한다.
- 갈등의 원인과 메커니즘을 이해한다.
- 갈등의 종류를 구분하고, 효과적인 극복요령을 정리할 수 있다.
- 일상적으로 발생하는 갈등관리 요령을 제시할 수 있다.

주요 용어

갈등, 갈등의 순기능과 역기능, 갈등의 원인, 갈등의 종류, 갈등 극복 메커니즘, 방어기제, 갈등관리 비법

1. 갈등이란 무엇인가?

1) 갈등의 어원과 정의

갈등이란 영어 단어 컨플릭트(conflict)라는 라틴어 콘플리게레(confligere)에 어원을 두고 있다. 콘(con)은 '서로' 또는 '함께'라는 뜻이며, 플리게레(fligere)는 '충돌' 또는 '다툼'이라는 의미를 내포하고 있다. 이 둘을 합친다면 '함께 하면서 계속 충돌한다'는 뜻이다.

동양에서 갈등(葛藤)의 어원은 어떠한가? 칡 갈(葛)자와 덩굴 등(藤)자로 이뤄진 갈등이라는 단어는 칡덩굴이라는 의미로 사용된다. 葛藤(갈등)에서의 藤(등)자는 '등나무'가 아닌 '덩굴'의 뜻으로 쓰였다. 칡덩굴은 나무를 돌돌 말아 생장을 방해하여 종국에는 나무를 고사하게 만든다. 갈등은 칡덩굴이라는 의미보다는 일이 복잡하게 뒤얽히거나 분쟁과 충돌을 의미하는 말로 종종 사용되며, 선택의 기로에서 망설이는 심리적 상태를 나타낼 때도 쓰인다.

2) 갈등을 바라보는 시각

서양에서 갈등은 주로 결투를 통해 해결한다. 즉, 승자가 정의(正義)고 패자가 불의(不義)라는 인식이 팽배하다. 신께서 진실을 아시므로 진실이 승리하도록 도울 것이라는 것이다. "아무도 모른다. 오로지 신만이 아신다(Nobody knows. Only God knows)." 그래서 결투의 승자는 패자의 주장을 일축하는 것이다. 패자는 말이 없고 승자는 정당하다. 한쪽이 완전히 패배했으니 다시 일어설 수 없다. 이러한 결투가 서양에서 갈등을 해소하는 방법이다. 그래서 갈등이 일어나면 선례(先例)에 준하여 강력하게 처벌함으

로써 동일한 갈등이 재연되지 않도록 발본색원한다.

동양적 시각에서의 갈등은 우선 덮어두자는 방식을 취한다. 그리고 시간이 흘러 상황이 역전되면 과거의 갈등을 다시 꺼내 새판짜기로 가는 경향이 짙다. 과거를 손 뒤집 듯 부정하고 그때그때의 상황에 따라 해석을 달리한다는 것이다. 일반적으로 갈등을 드러내어 밝히기보다는 조용히 덮어두는 편이 좋다고 생각한다. 그러니 내면에서 갈등은 항상 존재하고 있고, 어느 순간 상황이 변화되면 그 갈등이 다시 점화되는 것이다. 그렇다면 갈등을 봉합하기 위해서는 어찌해야 하겠는가? 주로 힘 있는 사람들이 갈등을 중재한다. 힘 있는 사람이 바뀌면 중재자라는 상황이 변화된데 따라 다시 갈등이 표면화되고, 그러면 또 다른 힘 있는 자가 갈등을 중재하는 방식이다.

2. 갈등의 역기능과 순기능

갈등은 아무리 결과가 좋다 하더라도 그 과정에서 발생한 많은 부정적인 요소들이 사람들의 마음을 멍들게 만든다. 그렇기 때문에 갈등은 가능한 짧은 시일 내에 해소시켜야 한다. 국가 간 갈등인 전쟁에서 전투의 기간이 길어지면 길어질수록 인적·물적 피해가 늘어난다. 그럼에도 불구하고 갈등의 결과를 놓고 판단할 때 전적으로 나쁘다고만 할 수 없다. 갈등은 긍정적인 면과 부정적인 면이 공존하기 때문이다.

1) 갈등의 역기능

상대를 타도의 대상으로 삼는다. 상호 간에 극하게 갈등하다 보면 상대를 대화의 상대로 여기기보다는 타도의 대상으로 삼아버리는 경우가 흔하다. 그러다 보면 대화 상대가 자신의 상사든 부하직원이든 가리지 않고 막말로 대한다. 이처럼 조직의 위계질서가 무너지면 다시 바로잡기 어렵다. 갈등은 부하직원이 상사를 무시하게 되며, 상사는 부하직원을 인간 취급하지 않는 부작용을 낳게 된다.

불안과 긴장을 고조시킨다. 갈등은 조직구성원이나 조직단위들 간의 반목을 조장하고 서로를 적대시하게 되며, 사기를 저하시킨다. 이로 인해 개인 또는 조직은 항상 불안과 긴장 속에 하루하루를 보내게 된다. 불안과 긴장은 정서적으로 메마르게 만들며 신체적 안위도 위협하게 된다.

2) 갈등의 순기능

조직의 안정성을 유도한다. 요즘 직장인들은 직장 내에서 갈등을 해소하는데 20% 정도의 시간을 낭비한다. 이러한 갈등은 서로 간의 의사소통 부재로 좀처럼 해소되기 어렵다. 하지만 갈등이 어느 시점에 다다르면 폭발하게 되어 좋든 싫든 대화를 할 수밖에 없다. 대화를 통해 갈등의 원인을 찾아내고 대처방법을 모색하는 것이다. 그렇게 함으로써 상호 간의 갈등을 해소하고 심리적 불만을 해소해 나감으로써 조직의 안정을 도모할 수 있었다.

갈등은 혁신과 변화를 이뤄낸다. 지난 2012년 소위 「지하철女」라는 이름의 젊은 여성들이 인터넷 인기검색어 순위 수위를 차지하는 가운데 각종 언론에서도 연일 몰상식한 젊은 페륜여성들의 행위를 보도하였다. 한 여성이 애완견의 변을 치우지 않은 채 자리를 떠나버렸고, 한 여성은 지하철 안에서 맥주를 마시던 자신을 나무란 남성에게 맥주를 퍼붓고 막말을 하는가 하면, 또 다른 여성은 나이 많은 할머니에게 막말과 욕설을 퍼붓기도 하였다. 그리고 아이들이 전철, 식당 등 한정된 공간에서 제멋대로 행동하는 것을 젊은 엄마들이 그대로 방치하여 타인의 눈총을 받기도 하였다.

이로 인해 사회는 들끓었고 점차 사회문제로 인식하기 시작했다. 이러한 현상은 유독 젊은 여성들에 한정된 것이 아니라 남녀노소를 불문하고 사회 전반에 퍼져있다는 의식이 확산되었다. 대책을 모색하자는 목소리가 높아졌고, 대부분의 문제행동들은 인성교육이 부재한 데서 기인되었다는데 인식을 같이하기 시작했다. 정부에서도 대책을 수립하기에 이르러 2015년 7월 인성교육진흥법이 발효되기도 하였다. 그동안 당연하게 여겨졌던 인성교육이 법으로까지 강제된 것이다.

3. 갈등의 원인은 어디에서 오는가?

1) 자원과 직책의 부족

2016년 벽두부터 교육부는 누리과정(3~5세 무상보육) 예산 편성과 관련하여 진보성향 시·도 교육청과 갈등을 빚고 있다. 진보성향 교육감들이 있는 곳은 누리과정 예산을 편성할 여력이 없다며 정부에서 모든 예산을 부담해야 된다는 입장이다. 반면 정부에서는 누리과정 예산은 교육청의 법정 예산 편성사업임에도 이를 편성하지 않기로 한 것은 잘못된 행위라는 것이다. 이 또한 수많은 학부모들과 어린이집 원장들의 염원으로 결국 해결될 것이지만, 현재로서는 조직 단위 간에 심각한 갈등양상을 보이고 있다. 갈등의 피해는 고스란히 학부모들에게 전가된다. 이와 같은 양상은 예산(豫算)이라는 자원부족에서 기인된 것이다.

최근 국회의원 의석수 배분을 둘러싼 여야 간의 대립도 서로 의석을 많이 차지하고자 하는 정치적 목적에서 존재하는 것이다. 의석수라는 자원을 무제한 늘릴 수 없으니 자원부족으로 인한 갈등은 어느 곳이나 존재하기 마련이다.

2) 상이한 수단

두 어머니가 있었다. 한 어머니는 뛰어난 예술적 재능을 지닌 자녀를 두어 매번 피아노 콩쿠르에서 우승을 하는 딸을 자랑하곤 하였다. 그때 그 얘기를 듣는 다른 어머니는 자신이 왜소해짐을 느꼈다. 자신의 딸은 아직까지는 어느 면에서도 재능을 보이지 않고 있었기 때문이다. 그녀는 자신의 딸에게 온갖 정성을 쏟아부으며 공부를 시켰다. 그리고 마음속 깊은 곳에는 다른 어머니의 교육방식을 비판하는 은근한 갈등이 싹트고 있었다. 다른 아이는 음악을 잘해 각광을 받지만 자신의 딸은 공부를 잘해 성공하도록 해야겠다는 생각에서다. 이 두 어머니는 모두 자녀가 성공하기를 바라는 목표는 동일하지만 결과를 향한 과정에서 갈등이 생긴 것이다. 특히 자녀를 둘러싼 어머니들의 갈등은 미묘한 신경전을 불러일으킨다.

3) 다른 목표

일본은 제2차 세계대전에서 패망한 이후 우리 땅 독도를 빼앗기 위한 외교적 수순에 착수하였다. 그리고 지금까지 꾸준히 외교적으로 자료를 축적해 왔으며 기회가 있을 때마다 독도를 일본 땅으로 둔갑시키고 있다. 그런 가운데 우리나라도 독도 영유권을 공고화하기 위해 주력하고 있어 일본과의 갈등은 필연적이다. 일본은 독도를 자기네 영토화하려는 목표가 있고, 우리나라는 당연히 우리 영토이므로 이를 수호해야 하는 목표가 있다. 이처럼 일본과 심각한 갈등을 벌이고 있는 우리나라 국회는 독도 예산을 삭감했던 전례가 있던 반면, 동일한 연도에 일본 국회는 영토수호 예산을 증액시키는 아이러니가 발생해 그 심각성을 더해주고 있다.

북한과의 갈등도 마찬가지다. 북한은 우리 사회를 자신들의 3대 세습 일당독재체제 하에 두기를 원하고 있는 반면, 우리는 북한사회가 자유민주주의 체제로 전환되기를 바라고 있기 때문에 서로 목표가 달라 국가 간 갈등이 빚어지고 있다.

4) 집단 히스테리

일반적으로 집단 히스테리 경향은 대형 재난사고 등에 의해 발생되는 경우가 많다. 2014년 4월 16일 고교 수학여행단을 태운 '세월호'가 차디찬 바다에 침몰하였다. 실로 큰 재난사고였으며 인재(人災)였다. 세월호 침몰 사고는 해난사고로서 실제로 정치적 이슈는 아니었다. 물론 책임 있는 국가기관에서 사고유발 책임자를 처벌하고 부모들의 갈등을 해소해 줘야 하는 것은 당연하다. 대형 재난사고에 넋을 잃은 유가족들은 집단 히스테리적 경향을 보이며 비난 대상을 대통령으로 삼았다. 동양적 시각에서 모든 갈등은 가장 힘 있는 자가 중재해 줘야 한다는 인식이 잠재의식에 내재돼 있기 때문이었다. 집단 갈등은 초기에 책임 있는 국가기관에서 관련 규정에 따라 확실하게 해결방법을 모색하고, 피해자들에게 진심어린 마음을 전달해야 한다.

4. 갈등의 종류는 무엇이 있는가?

갈등의 종류는 일반적으로 이해관계 갈등, 사실관계 갈등, 가치관 갈등, 구조적 갈등, 정체성 갈등 등 여러 가지 종류가 있다. 이러한 갈등을 다시 분류하면 주체별·내용적 분류로 나눠진다. 이 책에서는 주로 개인의 인성에 대해 교육하도록 편성되었음을 감안, 갈등 당사자들을 다루는 주체별 분류에 대해서만 설명하기로 한다.

1) 개인 갈등

(1) 자신과의 갈등

① 내면의 역할선택 갈등: 대부분의 사람들은 직장에서 타이틀(title)을 갖고 있다. 개인은 타이틀에 걸맞게 행동을 해야 하며 그 일에 대한 책임을 져야 한다. 역할선택 갈등은 자신 내면에서 어떤 역할을 수행해야 할지를 놓고 갈등하는 양상을 띤다. 딜레마 속에서 자신의 역할을 하나 선정했다면 다른 하나의 역할에 대해 진정어린 해명이 동반된 대처법을 강구하는 것이 바람직하다.

② 의존적 역할 갈등: 의존적 역할 갈등은 내면의 역할선택 갈등과 유사하지만 근본적인 차이가 존재한다. 역할선택 갈등은 자신의 내면에서만 이뤄지는 사건이다. 그러나 의존적 역할 갈등은 타인이 나에게 바라는 기대치가 존재하는 가운데 내가 타인의 기대치에 얼마만큼 충족하게 행동했는지를 놓고 갈등하는 것이다. 즉, 타인의 기대치와 나의 행동 사이의 간격(gap)을 의존적 역할 갈등이라고 할 수 있다.

③ 선택 갈등: 삶의 행로에는 수많은 선택이 나를 기다린다. 남에게 자문을 구해볼 수는 있지만 선택은 온전히 나의 몫이다. 선택의 결과를 수용해야 하는 것도 역시 나의 몫이다. 선택의 기로(岐路)에 선 사람들은 싫든 좋든 하나의 길을 골라 전진해야 한다. 사회심리학자 르윈(K. Lewin)은 선택 갈등에 대해 다음 세 가지로 분류했다.

• 좋은 것 중 하나를 선택해야 하는 갈등(Approach–Approach 갈등)

J씨는 요즘 고민거리가 하나 생겼다. 미스코리아 출신 아가씨와 교제를 하던 중에 옥스퍼드 대학에 다니는 스마트한 아가씨와도 사귀게 되었다. 드디어 J씨는 결혼하기로 결심했으나 두 아가씨 중 누구를 선택해야 될지 깊은 갈등에 빠졌다. 물론 두 아가씨 모두 J씨와의 결혼을 원했다. 한 아가씨는 아름답고, 다른 아가씨는 머리가 좋았다. 외모와 두뇌 중 무엇을 선택할까?

• 좋은 일과 나쁜 일의 충돌(Approach–Avoidance 갈등)

1972년 눈 덮인 안데스 산맥 위를 날던 비행기가 추락한다. 여객기에는 칠레와 경기를 치르기 위해 산맥을 넘어가던 축구선수들과 가족들이 탑승하고 있었다. 많은 사람들이 죽었지만 여러 명의 사람은 기적적으로 살아남았다. 이들은 추위와 굶주림에 떨며 구조를 기다렸지만 눈보라 때문에 구조를 기대할 수 없었다. 조난 9일째 되던 날 그들은 라디오를 통해 모든 구조 활동이 중단되었다는 뉴스를 듣게 되었다. 생존자들은 외부로부터 구원의 손길을 기대할 수 없다는 공포감 이외에도 식량이 전혀 남지 않았다는 사실에 좌절해야 했다. 생존할 수 있는 방법은 딱 하나. 누군가 외부로 나가 도움을 청해야 했다. 그러나 조난 이후 단백질을 제대로 섭취하지 못한 탓에 체력이 극도로 악화되어 있었다. 어떻게 저 험난한 산을 넘어 칠레까지 걸어가야 한단 말인가! 이때 한 사람이 인육(人肉)이라도 먹어 생존해 보자는 극단적인 방법을 생각해 낸다.
대부분의 사람들은 생존과 도덕성 사이에서 갈등했다. 생존은 하고 싶고(approach), 인육을 먹는 것은 피하고 싶었다(avoidance). 결국 사람들은 가장 처절한 딜레마 속에서 생존을 택했다. 처음에는 완강히 거부하던 사람들도 결국은 생존방침에 따를 수밖에 없었다. 세 사람의 자원자들은 인육으로 체력을 보충하여 눈 덮인 산을 가로질러 칠레로 향했다. 결국 사고 발생 72일 만에 16명의 생존자가 구조된다. 이들은 모두 인육을 먹고 살아남은 사람들이었다. 하고 싶은 일과 하기 싫은 일이 충돌하면서 발생하는 갈등이 바로 접근-회피(approach-avoidance) 갈등이다.

• 나쁜 일과 나쁜 일의 충돌(Avoidance–Avoidance 갈등)

J씨는 직장에서 가장 일을 잘하는 사람 중 하나였다. 그런데 어느 날 지휘부에서 그에게 이제 승진을 포기하든지 부산으로 전근을 가든지 결정하라고 지시했다. 승진을 못하는 것도 싫고, 부산으로 전근가는 것도 싫은 일이다. 그러나 이 중 하나는 선택해야 한다. 둘 다 전부 하기 싫은 일이지만 회사를 그만두지 않으려면 어쩔 수 없는 일이다. 이처럼 나쁜 일 중에서 하나를 선택하는 것이 회피–회피(avoidance-avoidance) 갈등이다.

(2) 개인들 간의 갈등

① 인간관계에서 오는 갈등

상하 간에 갈등이 생긴다. 인간은 사회적 동물이기 때문에 항상 사람들과 관계를 맺고 살아간다. 그렇기 때문에 조직이 생겨나고 조직 내에는 당연히 위계질서가 정착될 수밖에 없다. 위계질서에 의한 조직문화는 상하관계가 생겨나며, 상하 간의 갈등도 피할 수 없는 일이다. 현명한 상사는 칭찬은 공개적으로, 질책은 일대일로 한다. 그렇지만 모든 상사가 현명하게 처신하지는 않는다. 때로는 공개적으로 지적하며 칭찬에는 인색하기 그지없다. 이럴 때 부하직원은 상사의 지적을 싫어한다. 그리고 자신을 미워한다고 생각한다. 반면 직장 상사는 부하직원의 장래를 위해서 잘못된 일은 그때그때 지적하여 혼을 내서라도 바로잡아야 된다고 생각한다. 여기에서 상하 간의 갈등이 시작된다. 상하 간의 갈등은 주로 세대차, 입장차, 가치기준, 성향 차이 등으로 인해 발생한다.

동등한 관계에서도 갈등이 발생한다. 군 훈련소에서 주로 발생하는 일이다. 동기생들이 같은 조건, 같은 계급 하에서 훈련을 받는다. 그런데 한 훈련병이 훈련이나 암기 등에서 탁월한 재능을 발휘했다. 조교와 교관의 신뢰를 한 몸에 받게 된 훈련병은 어느 날 외로움을 느꼈다. 다른 훈련병들이 자신을 따돌리며 뒷담화를 시작한 것이다. 이처럼 잘난 사람이 한 명이고 나머지가 못난 사람이면, 못난 사람들이 잘난 한 사람을 비난하기 시작한다. 이것을 감점사회(減點社會)라고 한다. 이와 대조적으로 잘난 사람들이 못난 한 사람을 이끌어 준 것이다. 이것을 가점사회(加點社會)라고 한다.

최근 인성교육에 주력하는 것도 사회구성원들의 인성을 증진시켜 우리 사회에서 조금 부족한 사람을 이끌도록 분위기를 조성하도록 만드는 것이다. 그래야 가점사회가 이루어진다.

② 서로간의 성향이 다른데서 파생된 갈등

원천적으로 잘 맞지 않는 사람도 있다. 불교에는 생노병사(生老病死)라는 네 가지 고통을 넘어 여덟 가지 고통을 말하는 8고(八苦)가 있다. 이 중에서도 가장 고통스럽기로 으뜸인 것은 원증회고(怨憎會苦)다. 원증회고는 '원망하고 증오하는 사람과 만나 살아야 하는 고통'을 말한다. 원천적으로 싫은 사람과 같이 지내는 괴로움은 필연적으로 갈등을 유발시킨다.

평등을 위협하는 사람도 있다. 우리 사회는 남녀가 평등하고, 빈부의 사람이 평등하고, 젊은이와 노인이 평등하다. 과거 어느 정치인이 노인을 폄하하는 발언을 해 문제가 된 일이 있었다. 또 다른 정치인은 남녀를 차별하는 듯한 발언으로 구설수에 올랐다. 이런 사람들은 공동체 의식이 부족하고 평등의 가치를 낮게 평가한 것으로 보인다. 이처럼 평등을 위협하는 사람들과는 항상 갈등이 존재하기 마련이다.

2) 집단 갈등

(1) 업무적 갈등

① 견제와 균형 갈등: 국가조직에서도 견제와 균형이 존재한다. 이러한 조직은 모두 업무에서 기인한다. 예를 들면, 건설교통부에서는 국가의 발전과 자동차 산업 진흥을 위해 푸른 산간오지를 개발하기도 하고, 자동차의 배출가스를 어느 정도 용인하기도 하는 규제 완화정책을 시행한다. 그러나 이와는 대조적으로 환경부에서는 자연경관 훼손을 예방하고 공해를 차단하기 위해 강력한 규제정책을 시행한다. 서로간의 견제로 인해 적절한 선에서 균형을 이룰 수 있게 된다. 그런데 이러한 견제가 너무 심하다 보면 부처 이기주의에 빠져 다른 부처의 일을 고려하지 않는 풍토가 조성될 수 있다.

② 의혹과 신뢰 갈등: 예를 들면, 돈을 집행하는 부서에서 돈을 마구 써댄다면 기업은 망할 것이 뻔하다. 이때 제대로 집행하는지 여부를 수시로 체크하는 감사부서가 개입한다. 또한 범죄행위로 발전하지 않았는지를 파악하는 감찰부서도 있다. 집행부서와 감찰부서는 끊임없는 게임을 벌인다. 집행부서는 신뢰성 있게 처리해야 하고, 감찰부서는 항시 의혹의 눈초리로 집행의 타당성을 따진다. 서로 간의 갈등은 필연적이다. 이를 의혹과 신뢰 갈등이라 부른다.

③ 구조적 갈등: 빈곤의 수렁에서 벗어나기 위해 정부는 한때 부자를 장려하는 정책을 펼쳤다. 그러다가 어느 정도 살기 좋은 세상이 건설되었을 즈음 부자들로부터 많은 세금을 걷어 들이기 시작했다. 부자를 옹호할 때는 없는 자들이 부자를 비난하며 세금폭탄으로라도 대응해야 한다고 주장했다. 영원히 풀리지 않을 것 같은 숙제가 특정 정권이 들어서면서 자연히 해결되었다. 부자에게 세금을 과하게 부과한 것이다. 그 후 부자들은 해외로 탈출하는 등 정부와 갈등을 빚었다. 프랑스에서 국민 코미디언으로 추앙받던 유명인사가 러시아로 망명한 케이스가 좋은 사례이다. 부자들이 위축되자 세금이 잘 걷히지 않을뿐더러 투자도 위축되어 경제가 전반적으로 하향곡선을 긋게 되었다. 다시 정부는 부자를 장려하기 시작했다. 이처럼 구조적 갈등은 시간이 해결해 주는 것이 다반사이다.

(2) 비업무적 갈등

① 비공식 조직 갈등: 특별한 조직으로 구성되지 않은 사람들도 집단 갈등을 갖는다. 예를 들면, 진급에서 소외된 부대 내 진급누락자들이 상부에 불만을 가지면서 자연스럽게 불만자들 간의 연대가 형성되어 비난의 강도가 더해진다. 또한 기업에서도 마찬가지다. 특정 CEO가 업무지시를 잘못내리고 아래 직원들만 질책한다면 질책을 당한 사람들 사이에 알게 모르게 레포(rapport)가 형성되어 CEO와 집단적으로 갈등을 갖게 된다. 비공식조직의 갈등은 불만이 많은 사람들의 감정 관리를 잘해야 해소될 수 있다. 감정은 전개될수록 증폭되고 오래 끌수록 악만 남는다. 논리를 전개하여 감정을 정제시키는 것이 최선의 방법이다.

② 개인과 조직 갈등: 개인과 조직 갈등이란 조직의 의사결정과 서로 다른 조직에 속한 사람들의 친분관계가 충돌하여 발생한다. 조직을 따르자니 우정이 울고, 우정을 좇아가자니 조직이 배척한다. 결국 조직의 생리에 따라 조직에 동화된 의견을 피력하다 보면 개인의 친분마저도 상실되는 경우가 생긴다. 어쩔 수 없는 대립이라면 나중에 개인적으로 만나 서로를 이해하는 시간을 갖는 것이 필요하다.

5. 갈등 극복의 매커니즘은?

1) 부정적 요소가 강한 방어기제

방어기제(defence mechanism)라는 용어는 현대사회에서 대단히 자주 사용되고 있다. 원래 방어기제는 지그문트 프로이드가 인간 심리에 대해 연구하면서 딸 안나와 공동으로 고안한 이론이다. 프로이트에 의하면 방어기제는 불안감과 수용 불가능한 충동을 막기 위한 대책으로서, 우리의 무의식을 통해 현실을 조작하고 부인하며 왜곡하는 수법이다. 방어기제에 대해 프로이트가 고안한 용어 중엔 합리화(rationalization), 부인(denial), 투사(projection) 그리고 억압(repression)이 가장 유명하다.

(1) 합리화(Rationalization): 자신의 잘못된 행동에 대한 진짜 이유를 알지만 그럴듯한 이유를 찾아내 변명하는 것이 합리화이다. 현실을 왜곡하여 자신을 정당화함으로써 위안을 삼는 것이다. 이러한 행동은 자신을 위한 것으로 보이지만 실은 자신을 망치는 지름길이다.

(2) 부정·부인(Denial)과 취소(Undoing): 이미 발생한 특정 상황이나 사건을 부정해 버림으로써 극심한 고통이나 분노를 지워버린다. 비참한 상황이 발생했다는 것 자체를 잊고 싶은 마음이 간절하다. 부인은 어떤 일이 발생했거나 발생하고 있다는 사실을 부정하는 행태이다. 부인은 개인의 고통을 부정하는 개인적인 측면도 있지만, 기후변화 또는 대참사 같은 사건들을 부정하는 형태로도 나타난다.

(3) 투사(Projection): 심리학에서 투사(projection)는 무의식에 품고 있는 개인의 성향인 태도나 특성, 즉 공격적인 계획과 충동 등에 대하여 다른 사람에게 그 원인을 돌리는 현상을 말한다. 인간은 자기 스스로 불안과 공포를 통제하지 못하게 되면 투사를 통해 문제해결을 기대한다. 중요한 목표를 달성하지 못한 것에 대한 불안감의 원인을 남의 탓으로 귀착시켜 화풀이를 하는 것이다. '종로에서 뺨 맞고 한강에서 화풀이 한다'는 속담처럼 자신의 잘못을 남의 탓으로 돌려버리는 행위가 투사의 전형적인 예이다. 잘되면 내 탓, 못 되면 조상

탓! 투사(projection)가 사고(思考)의 형태로 나타나면 망상(妄想)이 되고, 지각(知覺)의 형태로 투사되면 환각(幻覺)이 된다고 한다.

(4) 억압(Repression): 억압은 불편해진 심리를 억제하면서 참고 견디는 방어기제이다. 완전 포기하지 않는 가운데 심리상태를 참고 억누르면서 닥쳐온 상황을 극복한다. 이 방어기제는 참고 견딘 후에 다시 기회를 엿볼 수 있다는 장점이 있다.

2) 긍정적 요소가 많은 방어기제

(1) 동일시(Identification): 주변의 성공한 사람들의 방법을 타산지석(他山之石)으로 삼아 자신의 갈등을 해소하는 방법이다. 즉, 자신의 욕망을 충족시키지 못할 때 다른 사람의 행동이나 방법을 그대로 모방(imitation)하여 '따라 하는 것'은 동일시(同一視, identification)라는 기제를 사용한 것이다.

(2) 치환(Replacement, Transposition): 욕망하는 단위가 너무 크거나 불가능할 때 비교적 쉬운 욕망으로 바꿔 실행하는 것을 치환이라 한다. 실현 불가능한 갈등에 휩싸이는 것보다 주어진 환경에 따라 현명하게 적응하도록 해 주는 치환은 갈등을 줄이는 데 많은 기여를 하고 있다.

(3) 보상(Compensation): 칭찬은 고래도 춤추게 한다. 칭찬은 주변의 정서적 지지를 나타내는 말로 자아 효능감 증대에 크게 기여하게 된다. 어떤 사람이 부여된 과업을 일부나마 또는 전반적으로 성공했다면 그에 따른 보상을 해야 한다. 자본주의 하에서 보상은 주로 물질적으로 이뤄진다고 생각하지만 인간의 두뇌는 물질뿐만 아니라 감성적 보상에도 민감하게 반응한다. 훌륭한 리더는 격려와 칭찬에 인색하지 않다.

(4) 승화(Sublimation): 승화는 자연과학적 측면에서 본다면 고체가 액체 상태를 거치지 않고 곧바로 기체로 증발하는 현상을 가리킨다. 그러나 정신분석적 측면에서 본다면, 승화는 심리과정을 의미하는 것으로 본능적 목표와 행위를 보다 더 큰 사회적 가치를 추구하는 비본능적 정신에너지 형태로 변화시킨다. 다른 말로 표현하자면 자신의

갈등을 내면화시켜 보다 높은 가치를 지향하는 것을 말한다.

(5) 도움 요청(Asking): 갈등을 해결하는 방법 중 하나는 자기 자신의 심리적 상처를 인식하고 자신이 부족하다는 것을 인식하는 데서부터 시작한다. 그리하여 자신이 신뢰하는 사람과 자신의 갈등에 대해 대화하며, 아픔을 공유하고, 마음의 평정을 찾아 그 갈등의 해결책을 모색할 수 있다면 그 자신은 행복한 사람이다. 우리 사회에는 경쟁, 갈등관계에서 자유로운 친구가 별로 없기 때문이다. 주위를 둘러보면 자신의 갈등과 유사한 갈등을 겪은 사람들이 의외로 많다. 자신이 힘들 때 타인에게 도움을 요청하는 데 주저하지 말자.

6. 갈등 극복의 비법은?

1) 처지를 바꿔 생각해 보라.

말하기 전, 행동하기 전에 다시 한 번 생각해 보라. 내가 상대방의 처지였다면?

2) 조직의 문화에 동조하라.

조직을 유지하는 기본 이론으로 동조이론이 있다. 동조이론은 조직의 문화에 될 수 있는 한 빨리 적응해야 갈등이 줄어든다는 이론이다. 조직 문화를 부정하면 갈등이 생기기 시작하고, 동조하려고 노력한다면 그때부터 적응이 이뤄진다. 갈등을 극복하기 위해서는 자기 스스로 조직의 문화에 동조하려는 마음 자세가 필요하다.

3) 내가 손해본다는 생각으로 살아라.

뒤에서 차량이 빠르게 질주하면 마음을 느긋하게 갖고 피해주면 된다. 차량뿐만 아니다. 회사에서도 조금 일찍 나와 책상도 닦고 바닥청소도 하면 다른 사람들이 즐거워하니 손해 볼 것이 없다. 부부관계에서도 내가 한 발 양보하면 집안이 화평해진다. '내가 조금만 손해보자'는 생각으로 삶을 산다면 갈등은 줄어들 것이다.

4) 갈등이 최고조에 달할 때는 조금 기다려라.

부부싸움을 하던 아내가 감정이 격해져 고래고래 소리 지르거나 눈물을 펑펑 쏟을 때면 잠시 기다리는 지혜가 필요하다. 실컷 소리 지르고, 맘껏 울고 나면 마음이 평온해지는 순간이 있다. 그때를 기다려 논리적으로 풀어나가면 된다. 감정이 격해지면 무조건 한 발 양보하고 기다리는 것이 최선의 방법이다.

5) 분노를 표출하되 특정인을 지칭하지 말라.

특정인을 지칭한 분노 표출은 개인적 감정문제로 또 다른 갈등요소를 야기시킨다. 갈등요소해결을 위해 분노를 표출하되 특정인을 지칭하지 말아야 한다.

6) 상대를 자신의 영역으로 끌어들여라.

누가 부탁하거나 질책을 할 때 즉각적인 반격과 변명은 상황을 악화시키는 최악의 전술이다. 타인이 자신을 도와줄 수 있도록 자신이 좋아하는 영역으로 타인을 끌어들이는 것이 현명한 방법이다.

<실습/토의>

분노표출 형태별 분노유형과 예방법

1. 갈등의 순기능과 역기능

갈등의 순기능과 역기능의 예를 들어 설명해 보자.

2. 집단 갈등

집단 갈등 사례를 들고 효과적인 해결방법에 대해 설명해 보자.

3. 방어기제

갈등이 진행되면 스트레스가 생기고 불편해진 자신의 마음을 평정하게 하기 위하여 방어기재를 사용한다. 방어기제 사용 사례를 들어 설명해 보자.

4. 갈등관리 비법

각 개인이 최근에 빠졌던 갈등상황을 예로 들고, 해당 갈등을 효과적으로 관리하기 위한 비법을 설명해 보자.

<핵심정리>

갈등은 행동주체 사이의 적대적·대립적 상호작용을 말한다. 여기에는 심리적 대립감과 행동적 대립이 포함된다. 행동주체란 잠재적 또는 현재적으로 대립하고 마찰하는 개인 간, 집단 간, 조직과 조직 등을 일컫는다.

이 장에서는 갈등이 무엇인지? 갈등에 대한 전반적인 지식을 정리하였다. 갈등의 순기능과 역기능, 갈등의 종류와 메커니즘을 살펴보고 갈등관리의 비법을 제시하였다. 갈등관리에 대한 이해를 바탕으로 자신이 갈등에 직면할 때 해결하거나 관리하고, 타인들의 사례도 정리하여 봄으로써 갈등상황에 직면했을 때 효과적으로 극복하기 바란다.

교과명 7 분노조절

개 요

일상생활에서 자주 나타나는 분노는 노여움(화)으로 표현되는 감정이다. 대부분의 분노는 부정적 정서 표현으로 인식되지만, 분노는 긍정적이거나 부정적이거나 어느 한 쪽으로 조절한다. 따라서 분노를 긍정적으로 조절하기 위한 분노다루기 능력을 키워야 한다. 이 장에서는 분노의 실체 이해, 분노 표현요인 파악, 분노 표출양상별 원인과 특성 파악, 분노다루기 능력 키우기를 위한 기술과 방법을 제시한다.

학습목표

<일반목표>

- 타인에 대한 감정과 표현을 파악할 수 있다.
- 공감의 의미와 표현에 대하여 파악할 수 있다.
- 타인과 친밀해지는 기술과 방법을 적용할 수 있다.

<세부목표>

- 분노의 실체를 이해할 수 있다.
- 분노의 부정적/긍정적 표현 특성을 이해한다.
- 분노 표현요인을 파악하고 분노 표출양상을 이해할 수 있다.
- 분노 표출양상별 원인과 특성을 제시할 수 있다.
- 분노 표출형태별 분노다루기 방법을 제시할 수 있다.

주요 용어

분노, 분노 종류, 분노 표현, 분노 요인, 분노표출 형태, 돌발성 분노, 잠재적 분노, 생존성 분노, 체념성 분노, 수치심에 의한 분노, 버림받음에 의한 분노, 분노다루기, 분노조절능력 키우기

1. 분노의 이해

분노는 누구나 경험하는 일상적인 감정이다. 분노는 사랑과 함께 일상생활에 가장 많은 영향을 미치는 감정인지도 모른다. 인간관계에서 사랑은 친밀감을 느끼게 하지만 분노는 거리감을 유발한다. 인간관계에서 사랑보다 분노관리가 더 많은 영향을 미칠 수 있다는 것이다. 그런데 우리는 분노에 대한 이해도 부족하고, 분노경험을 통해 여러 가지 어려움을 겪고 있다.

더욱이 분노에 대한 잘못된 믿음이 인간관계 소통의 한 가지 수단으로 쉽게 사용되고 있음을 우리는 주변에서 쉽게 볼 수 있다. 도로상에서 보복운전 등의 분노, 부모와 자식 간의 분노, 배우자의 구타 등 표현된 분노뿐만 아니라 평소 식별하기 어려운 각 개인의 우울감과 정서장애 등이 누적되어 사회적 대형사건을 만들어 내기도 한다.

1) 분노란 무엇인가?

사전의 개념적 정의에 따르면 분노는 노여움(화)으로 표현되는 하나의 감정으로서, 어떤 불만과 불평에 대한 감정적 반응이다. 또한 생리적인 욕구를 포함하여 자신의 욕구를 방해할 경우에 생긴다. 분노는 사람들이 살아가는 일상생활에서 나타나는 감정으로, 자신과 타인의 관계 속에서 불협화음으로 소통과 경청 그리고 공감에서 비롯된다. 개인의 정서표현일 뿐만 아니라 개인의 인지적, 행동적, 생리적으로 나타나며, 대부분의 사람들에게 부정적인 정서표현으로 인식되어 있다. 학자들은 분노에 대해 다양한 관점으로 접근하고 있다. 생리적 증상, 행동양식, 사회적 학습, 인지적 측면, 현상적 측면 등 다양한 측면으로 보기도 한다. 일반적으로 분노는 공격성, 적개심으로 위장되어 나타나는 경우가 많기 때문에 정신상태뿐만 아니라 적개심, 충동성, 공격성 등 여러 가지 개념이나 용어로 혼용되기도 한다. 분노는 사람들이 살아가는 일상생활에서 경험한 정서를 인지적, 정서적, 행동적으로 조절하는 정서표현이며, 정서조절이다. 따라서 분노를 억압할 수도 있고, 터뜨릴 수도 있으며, 적절하게 조절할 수도 있는 것이다. 분노를 잘 조절하면 인간관계에서 더 깊은 친밀감의 원자재가 될 수 있다는 것이다.

2) 분노의 원인

분노의 원인은 개인의 성격특성과 장애 등의 문제로 인한 개인 자신의 문제, 개인과 타인 간의 관계에서 발생되는 이해관계문제, 가정에서의 부부문제, 자녀교육, 부모와 자식 간의 의사소통문제, 학교에서의 교우관계와 교사와 학생 간의 문제, 직장에서의 부하와 상사 간의 이해관계문제, 사회적으로 발생하는 빈부격차와 실업, 소외계층문제 등 다양한 곳에서 그 원인을 찾을 수 있다. 또한 분노의 원인은 생물학적, 사회구성적 그리고 인지-정서적 관점으로 볼 수도 있다. 일반적으로 분노의 원인을 정리하면 다음 몇 가지로 요약할 수 있다. 첫째 자신이 바라던 것을 심리적으로 또는 육체적으로 제지당했을 때, 둘째 자신 또는 자신에게 중요하다고 생각하는 것에 대해서 평가절하당했을 때, 셋째 만성적으로 해결되지 않는 강하고 지속적인 스트레스를 경험하게 되었을 때, 이외에도 소음과 같은 물리적 자극이나 불쾌한 상황도 분노 유발 자극이 될 수 있다.

3) 분노의 종류

일차적 분노는 억제된 일차적인 적응적 분노가 언어적, 비언어적 표현으로 나타나는 것으로, 분노를 적절히 표현하지 못하고 눈물을 흘리거나 무기력함을 보이는 것 등이다. 이는 양육자와의 애착형성에서 학습된 분노로 분노표현에 대한 부정적인 회피의 방어기제로 볼 수 있다. 눈물, 무기력,

우울감, 자책감, 회피성 성격장애, 두려움 등으로 나타난다.

이차적 분노는 어떤 상황에서 개인이 느낀 분노의 정서표현을 감추고 오히려 타인의 잘못으로 투사하는 방어기제로 볼 수 있다. 근원적인 감정을 의식하는 것을 차단하는 역할을 하는 것이다. 즉, 자신의 정서동기를 억압하고 정서의 동기를 타인에게 전가하는 것이다. 따라서 타인을 향한 공격성, 편집성 성격장애 등으로 나타날 수 있다

도구적 분노는 분노가 다른 사람을 통제하기 위한 효과적인 방법이라고 믿음으로써, 이차적 이익을 얻기 위해 상대를 통제하는 수단으로 분노를 학습하고 사용하는 것이다. 이는 건강하지 못한 부정적인 분노를 사용하는 것으로 타인과의 관계형성이 곤란하고 적대관계를 형성한다. 특히 부모와 자식관계에서 쉽게 도구적 분노를 사용하면 자녀에게 부모에 대한 두려움과 무서움을 생기게 한다. 위협, 거짓/과장, 명령, 복종강요, 텃장애 등으로 나타날 수 있다.

만성적 분노는 개인 일상생활의 부정적 정서경험을 매 순간 다 표현하지 못한 오래된 정서적 억압에 대한 분노로, 대인관계 문제나 심리적인 문제발생의 주된 원인이 되기도 한다. 깊어지면 평생 가슴에 분노를 안고 살아가며, 약에 의존하지만 정서조절이 어렵다. 무력감, 우울증, 자기비난, 죄책감, 자학, 약물중독, 뇌질환 등으로 나타날 수 있다.

2. 분노의 표현

1) 일상적 분노의 표현

일상생활에서의 분노 표현을 보면 "~때문에 열받는다", "~때문에 뚜껑열린다" 등 외재적으로 표현되는 것이 대부분이지만, "모든 일이 다 나 때문이야", "내 잘못이야" 등 내재적 표현인 무력감, 불안과 두려움도 분노 표현의 일부이다. 즉, 표현된 분노만이 분노가 아니며 표현되지 않고 내재된 분노도 분노이며, 어떤 점에서는 표현되지 않은 분노가 더욱 위험한 상황을 초래할 수도 있다.

분노의 표현은 사람에 따라 상황, 연령, 성별, 애착관계, 문화 등 다양한 요인으로 다르게 표출 혹은 억제된다.

상황요인에서 보면 분노유발 상황인 자기주장적인 상대의 등장, 비난과 욕설, 모욕감, 어리석거나 생각 없는 행동, 신체적 괴롭힘, 모호한 상황, 소유물을 훔치거나 부수는 상황 등이 발생하여도 각 개인의 인지적 평가와 해석 과정에 따라 달리 표현된다. 다음의 분노 평가과정에서 보는 바와 같이 자신의 분노를 정당하다고 여기며, 상대가 자신에게 의도적으로 분노를 유발시켰다고 생각하고, 상대는 비난받아야 한다고 인지적 반응을 보이며 피드백 과정을 통하여 더욱 격노하게 된다.

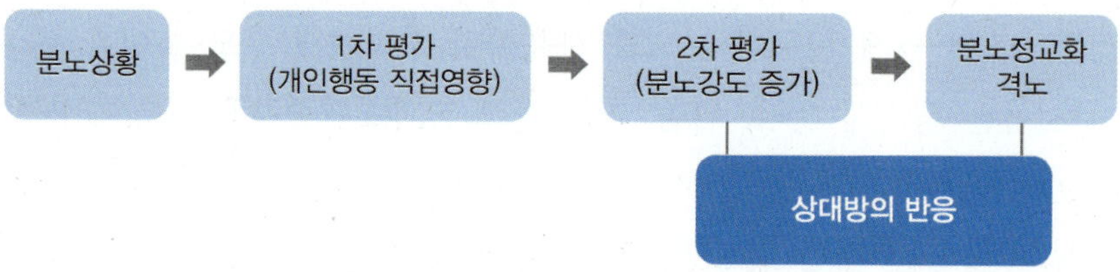

분노 평가과정

연령에 따라서도 분노는 다르게 표현된다. 사회적인 관계를 맺고 있는 개인은 분노를 표현하는 것은 곧 갈등을 의미하는 것이라고 생각하기 때문에, 연령이 증가함에 따라 외부적으로 분노를 표현하는 대신 내부적으로 조절하는 경향이 강하다. 유아/아동기에는 울거나 소리지르기 등 신체적 행동표출 형태로 분노를 표출한다. 청소년기에는 사회화·환경 영향으로 행동보다는 언어적 표현이 강해지며, 성년기에도 감정조절 실패 시는 아동기나 청소년기의 특성을 보이기도 한다.

성별에 따라서도 분노표현이 다르다. 부정적 정서 발생 시 남성은 상대방을 비난하거나 분노 유발 대상에게 직접적으로 공격하는 경향이 있다. 여성은 남성에 비해 분노의 표현에 민감하고 언어 표현 외에 유사언어 표현(비언어적 표현, 억양변화)을 이용한 반응이 강하며 강한 생리적 변화경향도 있다. 따라서 부부간에는 자기 자신에 대해 그리고 자기감정에 대해

진실해야 하며, 배우자에게 솔직하게 표현할 수 있어야 한다.

애착 정도도 분노표현에 상당한 영향을 미친다. 애착이란 자신과 가장 가까운 사람에 대해 느끼는 친밀하고 강한 감정적 유대관계를 말한다. 애착수준이 낮은 사람이 애착 수준이 높은 사람에 비해 분노를 더 잘 표현하는 경향이 있다. 즉, 애착 수준이 낮거나 회피애착을 보이는 사람은 적대감을 갖거나 좀 더 직접적이고 강렬하게 분노를 표현한다. 불안정한 애착을 보이는 청소년은 어머니와의 상호작용에서 더 역기능적으로 분노를 표현하기도 한다. 특히 부모의 양육과정에서 애착 정도에 따라 타인에 대한 분노표현의 강도가 다양한 방법으로 표현된다.

문화 특성도 분노표현에 직접적으로 영향을 미친다. 분노에 대한 표현은 각 나라마다 문화적 차원에 따라 차이가 있다. 우리나라 전통문화에서는 자기 집단의 구성원들이 일상에서 불만을 나타내는 것을 억압하고 불인정하는 경향이 강하다. 따라서 직장에서도 자신의 분노 정서 표현이 곤란하다. 미국사회에서는 온건한 분노표현은 허용하는 것과는 달리, 일본에서는 부정적 정서표현은 천하고 부적절한 것으로 간주한다. 국가 간의 문화 차이뿐만 아니라 학교, 직장, 종교활동 장소의 차이나 동일 집단 내에서도 활동을 공유하는 소집단 간에도 정서표현은 달리 나타날 수 있다. 하지만 정서표현은 어떠한 문화, 장소에 따라 적절하게 표현되어야 하는 사회의 중요한 도구이다. 즉, 분노표현은 각 나라의 문화, 장소에 따라 적절해야 자신과 타인의 관계가 원만하게 형성됨을 알 수 있다.

2) 분노 표출의 양상과 표출 형태

분노는 표출될 수도, 억제될 수도 있다. 분노의 표출양상은 대상을 향한 비난, 폭언, 욕설 등 언어적·비언어적 폭력과 과격한 행동, 표정변화 등 비공격적 행동을 하거나, 고혈압 등 심혈관계 질환을 유발하기도 한다. 또한 알코올관계 문제, 소화기계 질환을 유발하거나 고통에 대한 인내심이 부족하고 급만성적 고통을 호소하는 경향도 있다. 분노를 억제하는 양상은 의식적/무의식적으로 분노행동, 충동과 욕망을 억압하고 순간적인 분노를 마음에 담아두어 추후 더 큰 문제 발생이 우려되기도 한다. 또한 습관적 분노 억제 시 자신의 정서를 솔직하게 표현하지 못하는 경향으로 발전하여 상황에 맞지 않는 행동을 하거나, 자기연민, 불안과 우울, 원망, 자기방어, 자기중심적 사고의 특성을 보인다.

분노의 표출형태에 따라 갑자기 무서운 성격으로 변하는 돌발성 분노, 천천히 누적되어 있는 잠재적 분노, 가장 위험한 상황에서의 분노인 생존성 분노, 무력감에서 비롯되는 체념성 분노, 창피함, 비난, 모욕 시의 수치심에 따른 분노, 이별, 기다림, 절교에 대한 분노인 버림받음에 대한 분노 등으로 구분한다. 자세한 표출형태와 이에 대한 예방책은 다음 장에서 구체적으로 살펴보자.

3. 분노다루기

1) 분노다루기 3단계

(1) 1단계: 신체적 신호 알아차리고, 일시 중단하기

• 분노 표출 증상표

• 혈압이 올라가고 • 호흡이 가빠지고 • 맥박이 빨라지고 • 뚜껑 열리고 • 가슴이 답답하고 • 가슴이 두근거리고 • 목이 타고 입이 마르고 • 피가 빨리 돌고 • 소화가 안 되고	• 근육이 긴장되고 • 몸이 경직되고 • 식은땀이 나고 • 눈이 충혈 되고 • 얼굴이 붉어지고 • 인상이 찌푸려지고 • 인상이 차가워지고 • 말이 빨라지고 없어지고 • 목소리가 커지고	• 주먹을 쥐고 • 입술을 깨물고 • 서성거리고 • 눈에 힘이 들어가고 • 물건을 던지고 • 열이 나고 • 과거 일 생각 • 몸을 안 움직임 • 눈을 꼭 감고

(2) 2단계: 깊게 호흡하기. 숫자 헤아리기

(3) 3단계: 혼자 말하기, 분노의 대가 미리 생각하기
행동화할 경우 발생할 일 미리 생각하기
분노를 긍정적으로 생각하기, 나-전달법 사용하기

2) 행복하고 싶으면 분노를 조절하라.

분노의 경험은 문화와 언어를 초월하는 보편적 현상이기 때문에 아무런 거부감 없이 표출될 수 있다. 상황이 원하는 대로 움직이지 않을 때 우리의 분노 에너지는 상대방을 향한다. 그리고 상대방 변화의 효과적인 수단으로 분노를 사용한다. 분노와 폭력이 불가피하고 피할 수 없다는 믿음은 심리적으로 매력적인 것이 사실이다. 그러나 그 반대가 진실이다. 분노는 기본적으로 선택의 문제이다. 선택은 대체로 무의식적인 것이다. 그것은 여러 해 동안의 조건화에 기초한 습관이다. 분노는 여러 종류의 스트레스에 대체하기 위해 당신이 사용하는 전략이며, 이 전략이 어떤 때는 당신에게 약간의 효과가 있었기 때문이다.

여기서 분노는 당신의 생화학적, 유전적 자산보다는 당신의 생각과 믿음에 의해 학습되고 행동되어 온 것에 훨씬 더 크게 좌우된다는 것을 기억할 필요가 있다. 분노의 폭발이 어떤 진정한 해결로 유도하는 경우는 거의 없다. 오히려 분노는 당신을 더 많이 분노와 긴장과 각성으로 유도할 뿐이다.

우리는 분노를 표출할 수도 있고, 억압할 수도 있고, 적절하게 표현할 수도 있다. 즉, 조절 가능하다는 것이다. 분노의 잡초 씨는 언제라도 우리 마음 밭에 날아든다. 행복하고 살고 싶으면 매일 자기 마음 밭을 들여다보고 분노의 잡초가 자라나고 있으면 뽑아야 한다. 그리고 내일도 또 뽑아내면 된다.

3) 의사소통 기술을 배운다.

의사소통은 기술이다. 기술이라는 말의 의미는 배우는 과정이 필요하다는 뜻이며, 훈련하면 할수록 나아진다는 의미이다. 즉, 상대방에게 설득력을 갖고, 둘 사이의 차이에 협상할 수 있는 기회를 극대화시킨다.

의사소통을 잘하기 위해서는 첫째, 말해야 한다. 모든 것에 대해 시시콜콜 시비를 걸며 화내라는 뜻이 아니라, 어떤 일에 대해서 참기로 했을 때 비참하고 불행한 기분이 된다면 그것은 말해야 한다. 둘째, 현재 감정이 격해 있을 때는 말하지 않는다. 정서가 불안정할 때는 좋은 생각을 말할 수 없다.

생각할 시간이 필요하다. 셋째, 들어라. 상대방이 말할 때 끼어들지 않고 토달지 않고 객관적이 되어 충분히 말하도록 기회를 주는 것이다. 넷째, 스스로에 대해 관찰하고 관계에 대해 생각한 후 말하라. 다섯째, 구체적으로 말하라. "이 정도는 알아주겠지~"하는 것은 없다. 여섯째, 나에 대한 말만 한다. 상대방의 감정이나 생각에 대해 이러쿵저러쿵 말할 필요는 없다. 내가 아는 것은 나의 상태일 뿐이고 나는 내 이야기만 할 수 있을 뿐이지 쓸데없는 추측, 가능성, 타당성을 점칠 필요는 없다. 일곱째, 관계의 양자 이외의 다른 사람을 끌어들이지 않는다.

<실습/토의>

Personality coaching and counseling

1. 돌발성 분노다루기

돌발성 분노는 예측 불가능한 분노로 분노 표출 시 통제력이 상실된다. 화가 빠르고 강력하게 밀려들어 한 번 화가 나면 행동이나 말이 통제가 안 된다. 화를 내는 모습에 주위 사람들이 무서워하고 미친 것 같다는 말을 한다. 화가 너무 심하게 치밀 때는 사람을 죽이고 싶은 마음에 스스로 걱정이 된다. 화가 나면 순간적으로 이성을 잃을 때가 있다.

돌발성 분노 예방법을 제시해 보자.

2. 잠재적 분노 다루기

과거의 상처, 모욕 등의 분노가 더욱 강해져, 보복이나 복수하고 싶다고 생각하는 것이다. 나를 아프게 한 사건 때문에 사람들이 밉다고 생각하고, 요즘 사람들의 부당행위가 처벌받지 않음에 화가 나며, 다른 사람을 용서하지 않는다. 반면 화나는 상황에서도 그 순간에는 다른 사람한테 그 사실을 말하지 않고 있으면서도 나의 불행이 특정 사람(모임, 단체 등)탓이라고 생각한다.

잠재적 분노 예방법을 제시해 보자.

3. 생존성 분노다루기

공포와 트라우마, 폭행 경험으로 인해 위협이 없는 상태에서도 분노를 표출하는 형태이다. 누가 어깨만 살짝 두드리는 정도에도 심하게 놀라거나, 화가 났거나 무서웠을 때 투쟁/도주 반응을 보인다.

사람들이 자신을 무너뜨리려 한다는 오해나 피해망상에 시달린다. 분노에 찼을 때 친구 혹은 사랑하는 사람에게도 심하게 해치거나 죽이겠다고 협박하기도 한다.
생존성 분노 예방법을 제시해 보자.

4. 체념성 분노다루기

자신이 중요한 상황을 통제할 수 없을 때 느끼는 무력감에 의해 촉발되는 엄청난 분노이다. 상황을 바꿔보려 수차례 노력하다가 결국 부질없는 짓이라고 생각하여 무력감을 느끼거나, 사회적으로 용인될 수 있는 방법을 모두 시도한 끝에 결국 극단적인 방법을 택하기도 한다. 점차 자신이 다른 사람들의 고의적인 행동이나 생각 없이 한 행동의 죄 없는 피해자라고 생각한다.
체념성 분노 예방법을 제시해 보자.

5. 수치심에 의한 분노다루기

자신은 어딘가 결함이 있는 존재라고 생각하고, 부끄러운 마음이 들면 화부터 낸다. 비판에 약하고, 사람들로부터 자신이 한 말에 왜 기분 나빠하는지 이해할 수 없다는 말을 자주 듣는다. 자신의 평판 혹은 명성을 강경하게 지키려 하고, 사람들이 자신에 대해 혹평하거나 무시했다는 생각이 들면 그것을 마음에 담아 두고 쉽게 화를 낸다.
그러나 자신의 수치심이 분노로 표출되고 있음을 인지하지 못하는 경우가 많다. 수치심에 의한 분노 예방법을 제시해 보자.

6. 버림받음에 의한 분노다루기

과거의 버림받은 경험이나 버림받는 것에 대한 공포·두려움이 분노로 표출되는 분노형태이다. 내 보호자들은 힘들 때 내 곁에 있어 줄까? 내 보호자들은 변덕이 많지 않을까? 나를 조건 없이 사랑할까? 언젠가 나는 버려지지 않을까? 등 버림받을 것에 대한 공포나 두려움이 분노로 표출된다.

수치심에 의한 분노 예방법을 제시해 보자.

<핵심정리>

1. 분노는 노여움(화)으로 표현되는 하나의 감정으로 어떤 불안과 불평에 대한 감정적 반응이다. 또한 생리적 욕구를 포함하여 자신의 욕구를 방해할 경우에 생긴다.
2. 대부분의 분노는 부정적 감정으로 인식되지만 긍정적 정서표현으로도 조절한다. 그러므로 때로는 적절한 분노가 인간 삶의 필수적 요소로 사용되기도 한다는 긍정적 인식에서 분노를 조절해야 한다.
3. 분노하기 전, 3가지만 생각해 보자.

> 1. 건강과 바꿀 만큼 화를 낼 상황인가?
> 2. 후회하지 않을 정당한 분노인가?
> 3. 문제 해결에 효과적인가?

4. 분노가 치밀 때는 합리적이고 이성적인 판단을 할 수 없다. 따라서 분노가 치밀어 오르면 잠시 현장을 떠나라.
5. 화를 내면 일시적으로는 성과가 있을 수 있지만, 결과는 대부분 손해를 본다는 생각을 하라.
6. 상대방이 나를 화나게 했다고 해도 곧바로 적극적으로 대응한다면 상대방도 적극적으로 대응하게 된다. 의사소통이 원만하게 이루어질 수 있도록 큰소리로 애기하지 말고 차분하게 적극적으로 대응하라.
7. 자신이 화난 책임은 전적으로 상대방에게 있다고 생각하는 데서 화가 난다. 상대방의 상황과 처지를 경청하는 여유를 가지고 입장 바꿔 생각해 보자.
8. 화가 나거나 분노가 치밀어 오를 때면 분노 자체를 정확히 파악하기 위해 생각하는 연습이 필요하다. 분노는 자신의 선택이다.

인성지도 및 상담

교과명 8 인간관계 및 소통기술

교과명 9 리더십 이론과 실제

교과명 10 행복실천론

CHAPTER 04

인간관계 형성하기

Personality coaching and counseling

성인 지도 및 상담

교과명 8 인간관계 및 소통기술

개 요

'인간관계'라는 용어가 학문적으로 사용된 것은 1930년대 미국의 웨스턴 일렉트릭 사의 호손실험(Hawthorne Experiment, 1927~1932)에서 채택된 인간관계적 접근방법으로부터 유래되었다. 당시 테일러(Taylor)의 과학적 관리가 산업현장의 대세였는데, 이는 종업원을 조직이라는 커다란 기계 속의 작은 조립품으로 취급하는 것이었다. 그러나 호손실험 결과 종업원의 생산성은 임금인상이나 다른 물리적 조건의 변화보다 종업원에 대한 인격적 대우와 심리적 안정, 정감적 요인에 의해 이루어진다는 사실을 알게 되었다. 이때부터 인간관계에 대한 연구가 선풍적으로 이루어지기 시작했으며, 사회 모든 분야에 많은 영향을 미쳤다. 그 후 인간관계에 관한 많은 연구는 오늘날까지 이어지고 있다.

인간은 사회적 동물이며 혼자서 살 수 없다. 따라서 인간이 자의든 타의든 외부 환경과 영향을 주고받으며 상호작용하는 것은 인간 삶에서 매우 중요한 일이다.

넓은 의미에서 인간관계는 두 사람 이상의 상호작용을 일컫는 말이다. 그런데 인간관계는 너무도 복잡한 일이다. 우리 속담에 '열 길 물속은 알아도 한 길 사람 속은 모른다'고 할 정도로 사람의 마음은 알기가 쉽지 않으며, 더욱이 인간관계를 한마디로 정의한다는 것은 어려운 일이다.

인간관계는 타고난 것도 있지만 어느 정도는 지식과 학습으로도 향상 가능하다. 인간관계 능력향상을 위한 방법을 살펴보면 의사소통능력, 분노조절, 갈등관리, 커뮤니케이션과 대화법, 리더십, 지도력, 감정관리, 직장에서의 관계, 가정에서 부부와 부모-자식 간 대화법 등 여러 가지가 있는데, 이 장에서는 이 중 몇 가지 분야만 알아보고자 한다.

학습목표

<일반목표>

- 인간관계 개선을 위한 자신의 자아개방 정도를 알아보고 분석한다.

- 인간관계의 중요성을 알아보고 대인관계를 위한 능력을 향상하도록 한 서로 간 나-너 메시지 전달과 경청의 중요성을 인지하도록 한다.
- 직장에서의 인간관계 증진법에 대해 알아보도록 한다.
- 효과적인 의사소통법과 가정에서의 대화법을 알아보도록 한다.

<세부목표>

- 인간관계의 중요성을 인식하고 관계개선의 노력을 할 수 있다.
- 조해리의 창을 통하여 자아개방 정도를 알아보고 개선할 수 있다.
- 나-너 메시지를 통하여 화법을 개선하고 타인의 말을 적극적으로 경청하여 관계개선을 할 수 있다.
- 직장에서 동료들이나 선후배 간 관계개선을 통하여 변화할 수 있다.
- 효과적인 의사소통과 대화법을 습득하고 활용할 수 있다.

주요 단어

소통능력, 자아개방, 효과적 대화법, 인간관계, 나-너 메시지, 경청, 부부 간 대화법, 부모-자녀 간 대화법, 직장과 인간관계

1. 인간관계란?

1) 인간관계의 의미

인간관계(human relations)란 사전적 의미로 '사람들 사이에 맺어지는 개인적이고 정서적인 관계를 통틀어 이르는 말'이다. 사람은 관계 속에 태어나 관계 속에서 살다 관계 속에서 죽는다고 해도 과언이 아닐 정도로 관계를 떠나서는 살 수 없다. 가정에서는 부부관계, 부자관계, 형제관계가 있고, 직장에서는 상사와 부하관계가 있으며, 학교에서는 선후배관계가 있고, 기타 동료관계, 친구관계 등 모든 것이 인간관계 속에 그물처럼 얽혀 있다.

2) 인간관계의 특성

인간관계의 특성은 관계하는 사람마다 다른 독특성이 있으며, 다른 사람이 대체할 수 없는 대체 불가능성이 있다. 또한 관계하는 사람과 상호의존성이 있고 관계를 위해서는 필연적으로 자기 자신을 노출시켜야 하는 노출성이 있다. 인간관계는 깊어질수록 서로 간에 기쁨, 만족, 행복과 같은 내적 보상이 있으며, 어떠한 목적이나 이익을 위해서가 아니라 진정한 관계 속의 참 만남은 행복을 경험할 수 있는 소중하고 귀중한 희소성이 있다(조경덕 외(2013)).

3) 개인차 이해

인간은 여러 가지 면에서 유사하지만, 각각의 개인은 서로 많은 차이가 있다. 즉, 사고방식, 자신이 처한 환경을 해석하는 방식, 그러한 환경에 반응하는 방식 등이 다르다. 이러한 것들을 개인차라 하며, 크게 육체적 차이와 심리적 차이(성격과 태도)로 분류할 수 있다. 세부적으로는 성격 외에도 특수한 행동이나 행동습관, 능력과 기술, 인생 목표, 흥미, 가치 등의 여러 측면에서 차이가 있다. 이러한 차이들은 자기 이해와 타인 이해에서 하나의 관건이 된다. 인간관계의 기초는 서로가 다르다는 개인차를 이해하는 데서 출발한다.

2. 인간관계의 중요성

1) 성공의 영향

그동안 많은 과학자가 '성공에 직접적인 영향을 주는 것은 무엇인가?'를 연구하였다. 미국의 카네기 공과대학에서 1만 명을 대상으로 한 설문조사 결과에서 두뇌의 명석함이나 기술, 숙련이 성공의 비결이라는 답변은 약 15%지만, 대인관계 능력이 성공 요인이라는 답변은 약 85%로 인간관계가 중요함을 나타냈다.

2) 성공과 해고의 사유

하버드대학 직업지도부에서는 각 직장에서 해고당한 수천 명의 사람을 조사했다. 결과는 업무수행의 실수나 실패보다 서툰 대인관계가 두 배나 높게 나타났다. 한국도 IMF를 겪으면서 수많은 근로자가 명예퇴직이라는 미명(美名) 하에 직장을 떠났는데, 그때 어쩔 수 없이 직장을 떠난 사람들 중 인간관계에 소홀했음을 후회하는 사람도 많았다. 살아남은 사람의 일부는 실력은 좀 부족해도 조직에 잘 융합하고 상하·동료들과 원만한 대인관계를 유지하고 있었던 사람들이었다.

3) 행복의 근원

아리스토파네스(Aristophanes)는 “인간은 자신을 완성하기 위해 다른 사람을 필요로 한다”고 말했다. 즉, 인간은 행복한 삶을 원하며 행복을 추구하는 삶의 바탕은 원만한 인간관계에 기초하고 있음을 뜻한다. 조너선 하이트(Jonathan haidt)는 ‘행복은 자기 혼자 찾거나 성취할 수 없다. 인간의 행복은 나와 가족, 나와 같은 직장 관계의 사람들, 즉 사이(between)에서 나오기 때문’이라고 지적한 바 있다.

4) 생존의 수단

인간관계의 중요성은 생존의 수단으로서도 중요하다. 인간은 동물과 달라 오랜 양육기간을 필요로 하며 부모와의 애착관계 형성은 아기의 생존에 매우 중요하다. 또한, 생존을 유지하기 위해서뿐만 아니라 사회적 상황에 적응하고 살아가기 위해서도 필요하다. 사람은 타인과 상호작용하며 살아가는 사회적 존재이기 때문이다. 머슬로우(Maslow, 1954)의 욕구 위계에서도 소속과 애정의 욕구가 완성되어야 최상위단계인 자아실현의 욕구가 달성된다고 했다.

5) 사회화 수단

인간은 인간관계를 통해 자신의 욕구와 감정을 어떻게 전달해야 하고, 다른 사람의 욕구와 감정을 어떻게 이해하고, 서로 어떻게 대화하는지를 깨닫게 되므로 사회화 수단으로서도 인간관계는 필요하다. 개인의 행복도 사회적 성공도 타인과의 교류 속에서 이루어진다.

• 영화 게스트 어웨이

영화 '게스트 어웨이'는 2000년도 로버트 저멕키스 감독의 영화로 톰행크스(척 놀랜드) 주연의 영화이다. 세계를 돌아다니며 비즈니스에 열을 올리는 페덱스의 간부 척 놀랜드(톰 행크스)는 업무차 여행을 하다 비행기 추락으로 무인도에 남게 된다. 생존을 위해 야자수를 따 먹고 물고기를 잡아먹어 보지만 누구 하나 대화 상대가 없다. 그러다 떠내려온 배구공 하나를 건져 머리, 코, 눈, 입을 그려 사람 얼굴을 만들어 놓고 '웰슨'이란 이름을 지어 친구를 만든다. 그는 친구에게 하소연도 하고 화풀이도 하고 자신의 감정을 풀어 놓는다. 그러다 반응 없는 웰슨을 화가 잔뜩 나 바깥으로 집어던져 버린다. 잠시 후 친구가 없음을 깨닫고 웰슨을 부르며 찾아 나서 '다시는 안 그럴게'를 연발하며 후회하는 모습에서 새화상대가 있다는 것이 얼마나 소중한지 알게 된다. 그리고 무인도 생활 4년 만에 극적으로 탈출에 성공한다. 하지만 바삐 돌아가는 세상은 생환한 척에게 낯설게만 보이고, 사랑하는 여인 켈리(헬렌 헌트)도 이미 다른 남자와 결혼한 상태다. 척은 그렇게도 그리워하던 문명 세계에서 또다시 고독에 빠진다.

3. 조해리의 마음의 창을 통해서 본 자아개방

1) 조해리 마음의 창

심리학자인 Joseph lutt와 Harry Ingham에 의해 개발되었고, 두 사람의 이름을 따 'Joe+Harry=Johari'의 창으로 불렀다. 인간관계에서 자신을 얼마나 공개하고 타인을 어떻게 받아들이느냐에 따라 관계 형성 여부를 알아볼 수 있다. 다른 사람에게 나에 관한 이야기를 얼마나 잘하는가, 나의 모습을 잘 나타내 보이는가, 나의 속마음을 얼마나 잘 내보이는가와 나는 다른 사람이 나에 대한 어떤 생각을 하고 있는지 알려고 노력하는가, 나에 관해서 다른 사람이 하는 말을 얼마나 귀를 기울이는가, 다른 사람이 나를 어떻게 평가하고 있는지 잘 알고 있는가를 기준으로 개방형, 신중형, 고립형, 자기주장형으로 구분한다.

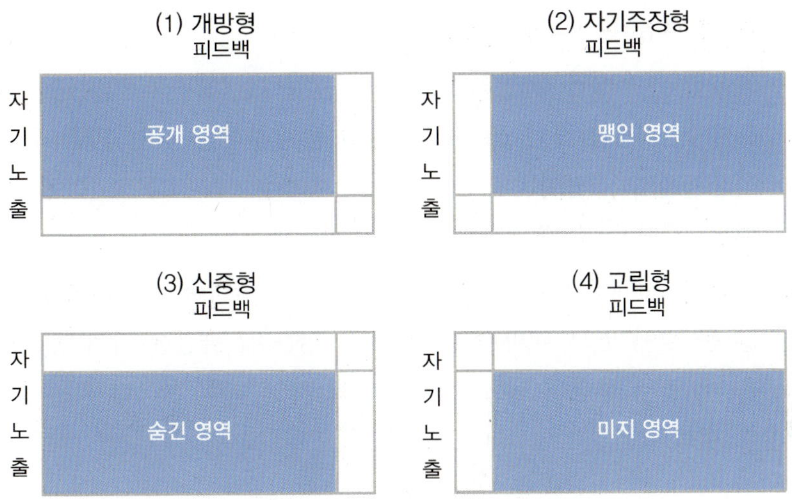

인간관계의 중요성
(조해리 창을 통해서 본 자아개방)

2) 조해리 마음의 창 분석

조해리 마음의 창은 자기 노출을 얼마나 하는가와 다른 사람의 피드백 수용 정도로 다음과 같이 네 개 영역으로 구분한다.

① 개방형으로 '참 만남형'이라고도 하는데 타인과 내가 알고 있는 부분이 가장 큰 영역이다. 예를 들어, 이름, 성별, 직업 등 개방된 영역으로 가장 바람직한 영역이다.

② 신중형은 '햄릿형'이라고도 하는데 타인은 잘 모르고 나만 알고 있는 영역이다. 예를 들어, 내가 갖고 있는 비밀, 약점, 콤플렉스 등 타인이 모르는 것이 많은 영역이다.

③ 맹인 영역으로 자기주장이 강한 '돈키호테형'이라고도 한다. 타인이 다 알고 있는데 나만 모르는 영역이 큰 부분이다. 예를 들어, 이상한 버릇이나 습관, 말투, 비언어적 행동, 성격, 몸가짐 등이 있다.

④ 고립형으로 미지의 영역이다. 나도 모르고 타인도 모르는 심리적 외

상, 어린 시절 경험, 무의식 등이 여기에 속하며, 심리치료를 통해 충격적 경험이나 우발적 사건 등 몇 가지를 알 수 있다.

3) 자기 노출의 효과

(1) 조해리의 마음의 창을 통하여 자신의 영역을 살펴보고 네 개 영역 중 개방 영역인 참만남 영역으로 자신을 개방하는 것이 가장 효과적인 인간관계의 방법이다. 자기 노출의 효과는 의사소통증진, 관계의 친밀화, 자기 이해 증진 등이 있다.

(2) 서로 간 미개방 상태에서는 진솔한 대화가 아니라 피상적인 대화만 오갈 뿐 깊이 있는 대화가 이루어지지 않는다. 과감한 자기개방을 하였을 때 관계 형성이 되고 완전 개방을 하였을 때 성숙단계로 이루어질 수 있다.

4. 인간관계기술

1) 메르비언의 법칙(low of Mehrablan)

메르비언의 법칙은 상대방의 인상이나 호감 결정 시 무엇이 결정적인 영향을 줄까에 대한 법칙으로 우리가 상식적으로 알고 있는 말의 내용이 아니다. 연구결과 말의 내용은 7%이고 비언어적 요소가 93%를 차지한다고 한다.

즉, 대화 시 시각적 이미지인 자세, 용모, 복장, 제스처 등 외적으로 보이는 이미지와 청각적 이미지인 목소리의 톤, 음색, 언어가 결정적인 요소이다.

2) 경청

(1) 언어적 경청

말을 잘하는 것도 중요하지만 다른 사람의 말을 잘 듣고 공감해주는 것은 관계 형성에 매우 중요하다. 우리말에 '맞장구만 잘 쳐도 부부관계 좋아진다'는 말이 있다. 잘 듣고 적절한 관심만 가져줘도 기뻐한다.

(2) 적극적 경청하기

경청에는 다른 사람의 말을 듣는 둥 마는 둥 하는 소극적 경청이 있는가 하면 다음과 같이 적극적 경청이 있다.

① 명확화: 상대방이 하는 말을 정확하게 이해하기 위해 검토하는 반응표현으로 "~~이런 뜻으로 한 말인가요?"하면서 더 구체적인 설명을 요구하는 방법이다.

② 반영: 상대방이 하는 정서적 표현을 다시 나의 말로 바꾸어 주는 것으로 "제가 느끼기에는 ~~인 것 같군요"하면서 감정표현을 더 정확히 요구하는 것이다.

③ 환언: 상대방이 하는 말의 내용을 다시 나의 말로 바꾸어 말해 주는 것으로 강조되는 내용을 더욱 집중하게 해 주는 것이다.

④ 요약: 상대방의 이야기를 일정한 주제로 통일감 있게 방향성을 갖게 해주는 것으로 "말씀 요지는 ~~이란 말씀이죠?"

(3) 마음으로 공감하기

나의 마음을 비우고 상대방의 입장이 되어 듣기, 상대방의 의견에 대한 무조건적인 수용과 포용, 상대방이 전달하는 내용뿐 아니라 주관적 정서까지 이해하는 것으로, 예를 들면, 시각적 표현으로 "저도 ~인 것처럼 보여요"하면서 공감을 표현하는 것이다.

3) 나-전달법, 너-전달법

(1) 대화법

다른 사람과 관계를 개선하기 위해서는 좋은 대화법이 중요하다. 비슷한 대화 방법 같지만 너-전달법은 상대에게 공격적으로 들린다. 상대의 잘못을 지적하고 비난함으로써 감정을 상하게 할 수 있다. 반면 나-전달법은 상대방의 처사에 비난과 평가하기보다는 상대의 행위가 나에게 어떠한 영향을 주었는가 하는 감정전달을 중심으로 한다.

(2) 사례

① 상황: 어머니가 내 방의 물건을 이리저리 바꾸어 놓았다.

② 너-메시지: "엄마는 왜 내 허락도 없이 내 물건을 만져요?"

③ 나-메시지: "나는 내 물건의 위치가 바뀌면 혼란스러워요."
"다음엔 꼭 제게 먼저 얘기해 주시면 좋겠어요."

(3) 나-메시지의 순서

① 사실: 상대방의 특정 행동, 태도, 의식에 대한 간결한 정리

② 자신의 감정: 사실에 대한 경험된 나의 감정

③ 희망 사항 표현: ~ 의식의 변화에 대한 제안 및 요청

나-메시지의 순서는 사실-감정-희망 순으로 표현한다.

4) 나의 인생태도

삶에서 가장 중요한 것은 자신의 인생 태도에 따라 달라진다. 나와 타인과의 관계 출발도 먼저 '내가 나를 사랑하는가?'에 달려있다. 내가 나를 사랑하는 마음이 있어야 다른 사람에 대해서도 긍정적인 마음을 가질 수 있기 때문이다. 심리학자 에릭 번(ERIC Bem)에 의하면 사람들은 다음과 같은 인생 태도 네 가지 유형 중 한 가지 유형을 가지고 살아가고 있으며, 그것은 사람의 성숙도를 판단하는 기준이 된다고 하였다.

(1) I am OK(자기긍정) You are OK(타인긍정)

성숙한 인생 태도를 가지고 있으며, 자신뿐만 아니라 다른 사람을 존중하고 사랑할 줄 아는 사람이다. 이런 태도를 가진 사람은 자신이나 세상을 긍정적으로 보기 때문에 낙천적이며 자아를 개방하고 융통성과 여유가 있는 사람이다. 타인과 원만한 인간관계를 유지하며 배려심이 있고 폭넓은 인간관계를 형성하므로 주위의 모든 사람들로부터 사랑을 받는 사람이다.

(2) I am Not OK(자기부정) You are OK(타인긍정)

이런 유형의 사람은 자기를 부정하고 타인을 긍정하는 사람으로 열등감에 사로잡혀 있으며, 매사 소극적인 성격의 사람이다. 의욕이 없고 자신감이 없으며 타인에 의지하려 하고 어른이 되어서도 자존감이 없는 사람이다. 부정적인 생각이 앞서 도전을 두려워하고 쉽게 좌절하여 어려움을 겪는 사람으로 자기 자신을 사랑하고 소중하게 생각하는 마음이 필요하다.

(3) I am OK(자기긍정) You are Not OK(타인부정)

개인주의가 발달한 요즘은 이런 유형의 사람들이 더 많아진 것 같다. 다른 사람은 인정하지 않고 자신의 주장만 강하게 밀어붙이며 고집을 피우는 사람이다. 지나치게 자신을 과대평가하며 다른 사람의 말은 무시하고 귀를 닫으며 다른 사람이 잘되는 것은 참지 못하고 깎아내리고 무시하는 사람이다. 이런 사람은 타인을 이해하고 배려하며 존중하는 마음을 길러야 한다.

(4) I am Not OK(자기부정) You are Not OK(타인부정)

자신뿐만 아니라 다른 사람도 인정하고 사랑하지 못하는 사람으로 매사 의욕이 없으며 부정적이고 비판적인 사람이다. 세상 일에 스스로 나서지도 않고 주도적이지도 못하지만 다른 사람들이 잘난 체하는 꼴도 보지 못한다. 세상에 대한 원망으로 담을 쌓고 사는 사람으로 이런 사람은 자신의 마음을 개방하고 이웃과 어울려 지내는 사회성을 기르는 것이 필요하다.

네 가지 유형에서 보았듯 인생 태도는 각자가 어떻게 생각하고 태도를 보이느냐에 달려있다. 세상만사 마음먹기라는 말도 있다. 자신이 어떠한 색깔의 안경을 쓰고 세상을 바라보느냐가 중요하다. 옛날이야기에 우산장수 아들과 짚신장수 아들을 둔 어머니 이야기가 있다. 어머니는 비 오는 날은 짚신장수 아들 걱정에 울고, 햇볕이 쨍쨍한 날은 우산장수 아들 걱정에 하루라도 눈물이 마를 날이 없었다. 그러나 조금만 생각을 바꾸어 비 오는 날엔 우산장수 아들을 생각하고, 햇볕 나는 날은 짚신장수 아들을 생각한다면 매일 웃을 일만 생겼을 것이다.

'자살'을 뒤집으면 '살자'가 되고 '남'이란 글자에 점하나 없애면 '님'이 된다는 말이 있다. 생각을 바꾸면 세상도 완전히 달라진다. 행복도 마음먹기에 달려있다고 한다.

5) 설득과 협상

설득도 인간관계 개선을 위한 기술이다. 내것만 고집하고 주장할 것이 아니라 상대도 인정해 주면서 서로에게 도움을 줄 수 있도록 설득을 한다면 관계 개선에 큰 도움이 된다. 설득의 법칙에는 다음과 같은 것이 있다.

(1) 설득의 법칙

① 호감의 법칙

이 법칙은 신체적인 매력이나 공통점 및 칭찬을 통하여 호감을 표현한다. 이때 상대는 호감을 주는 사람의 주장을 더 옳고 좋은 것으로 받아들이게 된다.

② 권위의 법칙

전문가처럼 보이는 외모나 말을 더 신뢰하게 된다는 법칙이다. 권위의 원천은 직함이나 잘 차려입은 옷차림 또는 고급 승용차 등에 의해서도 나타날 수 있다. 병원 의사나 간호사, 약사 등이 흰 가운을 입는 것도 그런 이유에서이다.

③ 희소성의 법칙

희소성이 있으면 있을수록 그 가치는 더욱 올라가는 심리로 희소성을 부각하면 상실에 대한 두려움과 경쟁심리로 인하여 행동의 변화를 가져오게 된다. 홈쇼핑에서 '이제 몇 개 남지 않았습니다'라고 말했을 때 마음은 다급해지고 자칫 충동구매로 이어지는 것을 볼 수 있다.

④ 사회적 증거의 법칙

한두 사람이 아니라 세 사람 이상이 동조하고 주장하면, 사람들은 대다수 사람이 행동하는 대로 따라가는 것이 바람직하다고 생각한다는 것이다.

⑤ 상호성의 법칙

사람에게는 인정이란 것이 있어 뭔가 도움을 받은 것이 있으면 보답하려는 심리가 있다. 원치 않은 호의에도 빚진 감정이 생겨나 도움을 받은 사람의 부탁은 거절하기 힘들게 된다. 백화점 시식코너에서 지나가는 사람들에게 맛보기를 권하는 것도 이러한 심리를 이용한 것이다

⑥ 일관성의 법칙

한 번 어떠한 선택과 태도를 보이면, 그 선택과 입장에 일치된 행동을 하려는 법칙으로 잘못된 선택일지라도 자신이 한 행동에 대한 변명과 옹호를 하는 입장을 말한다.

위 6가지의 사례에서 보았듯 사람은 일정한 심리가 있으므로 상대를 설득해야 하는 입장에 있는 사람들은 이러한 설득기술을 활용한다면 많은 도움을 얻을 수 있다.

(2) 효과적 설득을 위한 지침

① 설득을 하려면 상대를 인정하고 논쟁을 하려 해서는 안 된다. 최대한 공손한 태도로 말한다.

② 상대의 실수를 지적하지 않되 자신의 실수는 솔직하게 인정하고 상대의 처지에서 생각하도록 한다.

③ 상대가 "네"라고 대답할 수 있는 쉬운 이야기부터 시작하되 일방적으로 내이야기만 하지 말고 될 수 있는 대로 상대가 이야기하도록 배려한다.

④ 고상한 동기에 호소하며 상대가 그 일을 원하도록 하되 상대의 마음을 움직인다.

⑤ 자신의 견해를 적극적으로 표현하되 경쟁심리를 자극한다.

• WIN-WIN 협상

중국 산둥성 일대 제나라 견공 임금 시절 지혜로운 재상 안형이란 사람이 있었다. 어느 날 임금이 아끼는 말이 마구간지기의 관리 실수로 죽게 되었다. 성격이 불같은 견공 임금은 단번에 칼을 빼 들고 마구간지기의 목을 치려하였다. 그때 지혜로운 재상 안형이 나섰다. "전하! 어찌하여 전하께서 저 천한 놈을 직접 베려 하십니까? 제가 처단하겠습니다." "이놈! 이 천하에 죽일 놈! 죽어 마땅하렷다. 너의 죄상을 알려주겠다." 그러고는 칼을 높이 빼들고 외쳤다. "너의 죄상은 첫째, 국가의 녹을 먹는 놈이 관리를 잘못하여 말을 죽게 하였으니 그 책임을 면할 수 없다. 둘째, 임금이 가장 아끼는 말을 죽게 했으니 당연히 죽어 마땅하다. 셋째, 장차 제나라 전하가 중국을 통일하여 천하의 최강국가의 어진 임금이 될 것인데 너 같은 하찮은 놈을 죽여 포악무도한 임금이 되게 하는 것이니 그 죄를 어찌 감수하려 하느냐?"하면서 칼을 빼들어 목을 치려 하니 "잠깐!"하며 임금이 가로막아 처형을 금지하게 만들었다. 결국, 안형은 임금의 체면도 살려주고 한때 실수로 말을 죽게 만든 마구간 지기의 목숨도 살려주게 되었다.

5. 직장과 인간관계

1) 직장에 대한 바른 가치관

가정 다음으로 많이 머무는 곳이 일터인 직장이다. 어떤 면에서는 가족보다 더 많은 시간을 직장동료들과 마주하고 대화하며 관계를 맺고 산다. 따라서 거의 평생을 보내는 직장이 상·하 동료들과 관계가 좋지 않아 다툼이 지속되거나 분위기가 삭막하다면 직장생활이 지옥처럼 느껴질 것이다. 보람 있고 행복한 직장생활을 하려면 먼저 직장에 대한 올바른 가치관의 정립이 필요하다

(1) 직장에 대한 주인의식

주인의식을 갖는 것과 생계를 위해 어쩔 수 없이 다니는 직장이라고 생각하는 것은 다르다. 회사도 발전하고 나도 발전한다는 생각으로 주인의식을 갖는다면 출근길이 가벼울 것이다.

(2) 직장과 동료에 대한 감사 정신

일할 곳이 있고 함께 일할 동료가 있다는 것은 감사한 일이다. 힘들 때

서로 마음을 나누고 어려움을 나눌 수 있는 동료에 대해 감사한 마음을 갖는다면 직장에 대한 애정이 쌓일 것이다.

(3) 민주의식과 봉사 정신

스스로 찾아서 일하고 참여하며 봉사하는 마음을 갖는다면 일의 보람도 찾고 기쁨도 찾을 것이다.

2) 직장인의 기본매너

직장생활은 혼자하는 것이 아니라 함께하는 것이다. 따라서 직장인의 매너를 서로가 지킬 때 좋은 직장 분위기를 만들어갈 수 있다.

(1) 인사, 말씨, 태도에 대한 매너

가장 기본적이며 쉬운 것 같지만 잘 지켜지지 않아 때로 불쾌감을 주는 경우도 있다. 오가며 나누는 가벼운 인사는 기분을 좋게 하지만, 거만한 태도나 반말투의 말씨는 직장 분위기를 흐리게 한다.

(2) 상사와 부하 간의 매너

직장은 상사와 부하가 있는 수직적 조직이다. 군대로 말하면 명령과 복종이 있고 그러한 계통 속에서 조직의 목표를 달성할 수 있다. 직장이 친목 단체가 아닌 이상 명령과 복종의 관계를 벗어날 수는 없다. 하지만 그 속에서 필요한 것은 자발적으로 움직이느냐 어쩔 수 없이 강압에 의한 복종이냐가 다르다. 상사와 부하 상호 간에 적극적 관심과 참여, 책임을 함께 나눌 때 바람직한 인간관계가 형성될 수 있다.

(3) 업무태도 및 사무실에서의 매너

업무태도도 중요하다. 출·퇴근의 근무태도, 전화예절, 복장 등 사무실의 기본적인 매너를 지키지 않으면 동료들을 불편하게 만든다. 함께 근무하는 장소라는 것을 잊지 말고 항상 매너있게 행동해야 한다.

3) 성공적인 인간관계를 위한 직장에서의 태도

(1) 상대방을 존중하고 협력하라.

(2) 비판을 수용하고 서로 간의 이해의 폭을 넓혀라.

(3) 자기를 개방하고 정직하고 성실하라.

(4) 효과적인 의사소통 방법을 개발하고 자신의 의견을 피력하라.

(5) 먼저 베풀고 친절히 해라.

(6) 다른 사람의 이야기를 잘 들어주고 칭찬을 아끼지 말아라.

(7) 매사 융통성을 갖고 감사한 마음을 표현하라.

〈무재칠시(無財七施)〉

- 어떤 이가 석가모니를 찾아가 호소를 하였다.
  "저는 하는 일마다 제대로 되는 일이 없으니 이 무슨 이유입니까?"
  "그것은 네가 남에게 베풀지 않기 때문이다."
  "남에게 줄 것이 있어야 주지 뭘 준단 말입니까?"
  "그렇지 않느니라. 아무 재산이 없더라도 줄 수 있는 일곱 가지는 있는 것이다."
- 첫째는 화안시(和顔施)로 얼굴에 화색을 띠고 부드럽고 정다운 얼굴로 남을 대하는 것이요.
- 둘째는 언시(言施)로 말로서 얼마든지 베풀 수 있으니 사랑의 말, 칭찬의 말, 위로의 말, 격려의 말, 부드러운 말 등이다.
- 셋째는 심시(心施)로 마음의 문을 열고 따뜻한 마음을 주는 것이다.
- 넷째는 안시(眼施)로 호의를 담은 눈으로 사람을 보는 것처럼 눈으로 베푸는 것이요.
- 다섯째는 신시(身施)로 몸을 활용하여 남의 짐을 들어 준다거나 일을 돕는 것이요.
- 여섯째는 좌시(座施)로 앉을 자리나 누울 방을 남에게 양보하거나 편안한 거처를 마련해 주는 것이요.
- 일곱째는 찰시(察施)로 굳이 묻지 않고 상대의 속을 헤아려 도와주는 것이다.

■ 네가 이 일곱 가지를 행하여 습관을 붙으면 너에게 행운이 따르리라.

6. 효과적인 의사소통

의사소통을 의미하는 커뮤니케이션(communication)이란 말은 라틴어 communes(공동 또는 공통성)를 어원으로 하는 말로, 어느 한쪽의 일방적인 의

사전달이 아니라 '둘 이상의 사람들 사이의 의견, 정보, 감정 등의 교환 때문에 수신자의 지식, 태도, 행동에 변화를 일으키는 일련의 행동'이라 할 수 있다.

1) 효과적인 의사소통 방법

(1) 원만한 의사소통을 하려면 먼저 잘 들어야 하므로 적극적인 경청이 중요하다. 내 이야기를 상대가 잘 들어주기를 바라듯 상대의 이야기도 정성을 다해 들어 주어야 한다. 대화 초기에 내용에 대한 판단을 하지 않도록 한다.

(2) 비언어적인 행동에 주의를 기울인다. 목소리의 크기와 강약, 바디랭귀지, 얼굴의 표정과 눈동자의 움직임, 신체의 움직임 등을 관찰한다.

(3) 명확하고 정확한 정보를 제공하고 다른 사람의 정보요청을 수용한다.

(4) 효과적인 피드백을 하여야 한다. 피드백은 지원적이거나 교정적인 성격을 가지므로 현재의 행동을 강화하거나 형태의 변화를 지적하는 것이어야 한다.

2) 의사소통 기술

(1) 평소 대화 상대를 구분하지 말아야 한다. 상대가 누구든 진솔한 자세로 상대와 대화해야 한다.

(2) 상대방이 말한 내용을 요약해서 말해 봄으로써 상대는 '내 이야기를 듣고 있구나'라고 생각할 수 있다.

(3) 내가 알고 있는 내용이라도 중간에 잘라 중단시키지 말고 우선 들어주며 알고 있다는 표정을 지어주는 것이 좋다.

(4) 내가 듣고 싶은 것만 듣는 습관을 버리고 잘 들어 주는 것이 좋다.

3) 의사소통의 남녀 성(性) 차이

(1) 남자는 더 직설적이고 요점을 말하며, 주요 사건들에 대해 말하나 여자는 세부사항을 말하며 더 간접적이고 일상생활에 관해 이야기한다.

(2) 남자는 말한 단어들에 주의를 기울이나 여자는 말의 의미, 메시지에 주의한다.
(3) 남자는 침묵에 대해 편안하나 여자는 침묵을 못 견디어한다.
(4) 남자는 불쾌한 주제를 피하려 하나 여자는 불쾌한 주제에 초점을 맞춘다.
(5) 남자는 결론과 결과를 중요시 하나 여자는 과정을 더 중요시한다.

7. 긍정적 대화법

1) 증가하는 이혼과 황혼이혼

여성가족부가 2017년 6월 27일 발표한 '통계로 보는 여성의 삶'에 따르면 이혼한 부부 30.4%가 결혼 20년 차 이상인 부부였고, 황혼이혼 비율도 1990년 5.2%에서 2015년 29.9%로 크게 증가한 것으로 나타났다. 결혼과 이혼에 대한 인식의 사회적 변화로 옛날 같으면 참고 살았던 것을 이제는 이혼이라는 선택을 하는 것으로 판단된다. 여기에는 부부간 대화법이 큰 비중을 차지한다고 볼 수 있다. 2016년 법원행정처 사법연감에 의하면 황혼이혼의 사유로 성격의 차이가 46.2%로 가장 많으며, 경제적 문제가 11.2%로 나타났다. 성격의 차이는 결국 의사소통의 문제이며 이것이 원인이 되어 점점 최악의 상황으로 발전하게 될 수 있다.

2) 상호존중의 부부관계

이혼의 주요인은 성격이 아니라 의사소통의 문제로 가부장적 권위의식이나 힘에 의존한 윽박지르기식 언행이 아니라 상호존중의 대화만으로도 개선시킬 수 있다.

(1) 남녀 차이를 인정해야 한다. 통계적으로 여자는 하루 2만 단어와 분당 250개 단어를 사용하는데, 남자는 하루 7천 단어와 분당 125개 단어를 사용한다고 한다.
(2) 살아온 환경과 문화를 인정해야 한다. 자라온 환경은 각각의 가정마

다 다르고 문화도 다르다. 이것을 인정하고 이해할 필요가 있다.

(3) 흔히 우리는 남과 비교하기를 좋아한다. 그러나 비교는 불행의 씨앗이다.

(4) 선택과 집중이다. 한 사람의 배우자를 선택했으면 그 사람에 집중할 필요가 있다. 둘이 모여 셋의 시너지가 나올 수 있도록 노력하는 것이 중요하다.

3) 부부 사이에 하지 말아야 할 말

(1) 혹시 언쟁이 있을 때 툭하면 "우리 이혼해!"하는 말을 쉽게 하는 사람이 있다. 이것은 금물이다.

(2) "모든 게 다 당신 잘못이야"하는 말도 문제가 있다. 한 사람에게 화살을 돌리기에 앞서 돌아보면 자신에게도 문제점이 있다.

(3) "당신이 먼저 시작했잖아!" 서로 책임을 떠넘기기이지만, 남녀 차이로 보면 남편은 싸우기 5분 전의 일로 시작한 것이나 여자는 일주일 전 남자의 행동을 문제로 시작한 것이다.

(4) "옆집 남자처럼 할 수 없어?" 이것은 서로의 자존심을 긁는 것이다.

4) 존 가트만 박사의 현명한 대화법

존 가트만(John Gottman) 박사는 부부관계의 대화법을 매일 양치질하듯 생활 속에 늘 실천해야 한다고 했다, 신혼부부들을 집중적으로 연구한 결과 15분 동안의 관찰만으로도 결혼생활의 성패 여부를 95%까지 알아맞힐 수 있다고 하며 현명한 대화법을 제시했다.

(1) 비난 대신 요청이다: "도대체 당신은 어떻게 된 사람이~", "당신은 지금까지 항상, 늘, 한 번도, 결코~ " 이것은 비난이다. 비난 대신 자신의 바람을 솔직히 요청하는 것이 더 설득력이 있다.

(2) 방어 대신 인정이다: "우리 집은 당신만 고치면 문제없어!", "내가 뭘 잘못했는데?" 이것은 자기방어이다. 아무런 근거가 없는데 문제로 삼는 것이 아니다. 자신을 인정할 것은 하는 것이 대화법이다.

(3) 경멸 대신 호감과 존중: "당신은 대체 뭐하는 여자야?", "내가 차라리 상대를 말아야지~"하며 무시하는 것은 경멸이다. 상대는 쉽게 받아들이지 않는다. 상대를 존중하면서 대화를 해야 소통이 된다.

(4) 담쌓기 대신 대화: 무슨 말을 해도 무시하고 담쌓기는 점점 사이를 멀어지게 한다. 밤새 싸우더라도 대화로 풀어야 한다.

꽃

김춘수(金春洙)

내가 그의 이름을 불러 주기 전에는
그는 다만 하나의 몸짓에 지나지 않았다.
내가 그의 이름을 불러 주었을 때,
그는 나에게로 와서
꽃이 되었다.

성인 지도 및 상담

<실습/토의>

Personality coaching and counseling

1. 조해리의 창을 진단해 그려보고 서로 토의해 본다.

2. 적극적 경청과 소극적 경청을 실습해 보고 소감을 나누어 본다.

3. 나의 인생 태도를 진단해보고 서로 좋은 인생 태도를 토의해 본다.

4. 직장에서의 예절 및 효과적인 의사소통을 통해 인간관계를 토의해 본다.

5. 부부간 긍정적 대화법과 부모와 자녀 간 대화법을 실습하고 토의해 본다.

<핵심정리>

1. 인간관계란 무엇인가?

   인간관계는 '사람들 사이에 맺어지는 개인적이고 정서적인 관계를 통틀어 이르는 말'이다.

2. 인간관계의 중요성

   인간관계는 성공의 원인이 되기도 하고 해고의 원인이 되기도 한다. 연구결과 성공하는 사람의 대부분은 전문적 지식이나 기술보다 인간관계였으며, 해고된 사유의 원인도 인간관계의 실패 때문이었다는 사실이다.

3. 조해리의 마음의 창을 통하여 본 자아관계

   조해리의 마음의 창을 통하여 본 네 개의 유형은 개방형, 신중형, 고립형, 자기주장형이 있다. 네 가지 유형 중 가장 바람직한 유형은 개방형이다.

4. 인간관계 기술

   ① 메르비언의 법칙을 보면 말의 내용보다 비언어적 요소가 상대방의 인상이나 호감에 결정적 영향을 미친다고 한다. 경청의 중요성과 적극적 경청을 알아보고 나-너 대화법을 통해 의사전달하는 방법을 배울 수 있다.

   ② 나의 인생 태도를 진단을 통해 살펴보고 바른 인생 태도를 추구하며, 설득의 법칙과 설득방법을 터득한다.

5. 직장과 인간관계

   직장에서의 바른 가치관을 먼저 정립해야 하고 직장인의 기본매너를 익혀야 한다. 또한 상사와 부하 간의 매너와 업무태도를 익힌다. 그리고 성공적인 인간관계를 위한 직장에서의 태도를 익힌다.

6. 효과적인 의사소통

   효과적인 의사소통 방법과 의사소통 기술을 통하여 타인과 관계를 형성하는 통신 기술을 배우고 남녀 성 차이에 의한 상호 차이를 이해하도록 한다.

7. 긍정적 대화법

   대화는 소통의 기본이다. 증가하는 이혼의 문제점을 짚어보고 상호 존중의 부부관계 및 가트만 박사의 현명한 대화법을 통해 행복을 이끄는 부부관계법을 익히도록 한다.

성인 지도 및 상담

교과명 9 리더십 이론과 실제

개 요

조직은 특정 목적달성을 위하여 여러 구성요인으로 이루어져 있으며, 다양한 구성요인 중 리더와 조직 구성원이 조직의 근간을 이룬다. 특히 리더와 구성원들 간의 상호작용은 대단히 중요하며, 이에 의하여 발생하는 영향력이 어떠하냐에 따라 조직의 효과성이 결정된다. 뿐만 아니라 내외적으로 변화하는 환경에 신축성 있게 대응해 나가야 한다는 점에서 리더의 역할, 즉 리더십이 매우 중요하다. 따라서 이 장에서는 리더십의 개념과 리더십 이론 패러다임, 리더십의 유형에 대하여 알아보고 리더십 능력을 키우기 위한 방안을 제시한다.

학습목표

<일반목표>

- 인간관계의 목적과 필요성에 대하여 파악할 수 있다.
- 인간관계에서 자기표현의 문제점을 분석할 수 있다.
- 유형별 자기표현을 통하여 바람직한 인간관계를 찾아낼 수 있다.
- 효과적인 인간관계 방법을 수립할 수 있다.

<세부목표>

- 리더십의 개념을 이해한다.
- 리더십 이론의 패러다임을 이해한다.
- 리더십의 유형과 역할에 대하여 정리할 수 있다.
- 리더십 능력을 키우는 방안을 제시할 수 있다.

주요 용어

리더십의 개념, 리더십 이론, 리더십 패러다임, 변혁적 리더십, 서번트 리더십, 셀프 리더십, 긍정형 리더십, 팔로어십

1. 리더십의 개념

1) 리더십이란

사전적 의미로 리더십(leadership)이란 '무리를 다스리거나 이끌어가는 지도자로서의 능력'이다. 리더십에 대한 개념정의는 시대와 연구자에 따라 많은 변화와 발전을 이루어 왔다. 초기의 리더십 연구들은 리더는 타고난 특성을 가지고 태어난다고 보았기 때문에 리더의 특성을 파악하여 리더십을 정의하고자 하였고, 이후 리더십은 후천적으로 교육 가능하며 누구나 가지고 있다고 가정하여, 특성 상황 속에서 나타나는 리더의 행위와 상황을 리더십 이론으로 정의하고자 하였다. 즉, 전통적 관점에서 리더십을 "집단 목표를 달성하기 위해 리더가 구성원에게 동기를 부여시키고, 그들에게 영향력을 행사하는 과정"으로 정의하였고, 현대적 관점의 리더십에서는 좀 더 통합적 개념으로 접근하여 "리더와 구성원과의 관계뿐만 아니라, 조직과 집단의 목표달성을 위해 각 구성원들이 다른 구성원들에게 영향을 미치고, 동기부여시키는 교환적인 것까지 포함하는 과정"으로 정의하였다.

리더십이 구성원의 자발적 복종을 이끌어내는 지도자의 비범한 힘이나 능력에 대한 정의에서 나아가 리더뿐만 아니라 구성원들이 자발적으로 행동동기를 유발하고, 구성원으로서의 역할을 수행하도록 유도하는 과정에 대한 정의로 변화되고 있다.

2) 인성과 리더십

사회생활하면서 누구나 조직의 구성원으로 소속되기도 하고, 한 번쯤은 크건 작건 간에 조직을 이끌어 본 경험도 있을 것이다. 이때 어떤 형태이

건 리더의 역할이 중요하다는 느낌은 누구나 가질 것이다. 그것은 누가 리더를 맡느냐에 따라서 조직의 목표달성은 물론 조직 구성원들이 느끼는 만족도가 달라지기 때문이다. 작은 조직은 말할 것도 없이 대집단과 조직의 성과도 리더에 따라 크게 달라지는 모습을 자주 보게 된다. 리더의 생각과 행동에 따라 의사결정의 속도와 질이 달라지고, 일의 우선순위가 바뀌며 일하는 방식이 달라지기 때문일 것이다. 특히 최근 우리 사회의 변화속도는 점점 빨라지고 다변화됨으로써 올바른 인성의 확립과 그것을 바탕으로 조직의 과업을 해결하기 위한 리더십 발휘가 더욱더 요구된다. 사람으로 태어났다고 누구나 제대로 된 인성을 가지게 되는 것이 아니듯이, 누구나 리더는 될 수 있어도 아무나 리더가 될 수 없는 것이다. 따라서 리더로서 자신은 물론 타인/조직과의 관계에서 인성을 키워나가고, 이를 바탕으로 하는 리더십을 키워나가는 노력은 절대적으로 필요한 것이다.

2. 리더십 이론의 패러다임

1) 특성이론 패러다임

리더는 만들어지는 것이 아니라 선천적으로 타고나는 것이라고 가정하는 리더십 패러다임이다. 따라서 특성이론 리더십의 연구자들은 리더가 공통적으로 갖추고 있는 특성 그 자체, 즉 리더와 추종자들을 구별하게 하는 특성을 식별하고자 하였다. 그리고 효과적인 리더와 비효과적인 리더를 구별해주는 특성들을 찾아내고자 하였다. 여기서 특성이란 개인의 특징적인 특질을 말한다. 리더를 특징짓는 것으로 성격 특성이나 사회적 특성 및 신체적 특성이 있음을 전제하고 있다. 즉, 리더는 선천적인 지도자적 특성을 지니고 있다고 보고, 리더가 공통적으로 가지고 있는 특성과 자질을 연구의 대상으로 하였다. 지도자의 특성이나 자질은 연구자마다 다르나 일반적으로 신장, 인내력, 건강, 용모, 지능, 자신감, 우월감, 판단력으로 종합하였다. 지도성에 대한 특성이론적 접근은 오늘날에도 아직 활용되고 있다. 그러나 이후 연구들은 지도자의 인성적 특성보다는 과업에 관련된 능력에 초점을 두고 있다.

2) 행위이론 패러다임

특성이론 패러다임이 가지는 설명하기 어려운 한계성이 인식되면서 이후 리더십 패러다임은 성공적인 리더의 특성을 발견하고자 했던 특성연구로부터 효과적인 리더가 직무현장에 실제로 행했던 것, 즉 행동이 무엇이었는지를 밝히는 것에 초점을 두는 연구인 행위이론 패러다임으로 변화되었다. 이 이론의 연구자들은 리더의 특성보다는 리더가 취하는 행동에 중점을 두고 효과적인 리더십 행위 유형을 발견하려는 입장을 취했다. 이들의 연구는 리더에게 요구되는 역할이 집단의 성격과 상황, 집단구성원과 리더와의 관계에 따라 다를 것이라고 가정하고, 특정 상황과 여건 하에서 집단의 성공적인 과업수행을 위하여 요구되는 리더의 행동은 각 상황별로 어떤 유형으로 행동하고 있는지를 밝히려는 것이다. 이들은 행동요인을 직무중심 행동과 종업원 중심 행동, 구조주도 행동, 배려 행동 등으로 구분하여 설명하고 있다. 그러나 리더십에 관한 접근을 특성론과 행위론으로 양분하는 것은 그렇게 명확한 구분으로 보기 어렵다. 왜냐하면 지도자의 개인적 자질과 특성은 그의 리더십 행위나 유형에 반드시 영향을 미친다고 볼 수 있기 때문이다.

3) 상황이론 패러다임

조직이 다양하게 발전함에 따라 단순히 리더의 특성이론과 행위이론 패러다임만으로는 모든 상황에 적용할 수 있는 리더십이라고 설명하기 어렵게 되었다. 왜냐하면 리더십의 효과성은 상황에 따라 다르다는 것이었다. 이러한 이유로 인하여 리더십 패러다임이 상황이론으로 전환되었다. 상황이론 패러다임에서는 관심을 리더에게 두는 것이 아니고, 리더가 처해 있는 직무상황에 둔다. 즉, 리더는 리더로서의 자질은 갖추어야 하지만, 그것보다도 리더가 당면하고 있는 직무 또는 리더십 상황이 더 중요하다고 가정하고, 리더십의 효과성에 영향을 미치는 상황변인을 발견하려는데 연구의 중점을 두었다. 즉, 리더의 어떤 특성이 어떤 상황과 어떠한 관계에 있을 때 리더십 효과성이 증대되는 것인가에 대하여 연구의 초점을 맞춘다는 것이다. 따라서 상황이론 패러다임은 리더의 특성이나 행위의 중요성을 부정하지 않지만, 리더의 특성과 행위는 리더가 리더십을 발휘하는 상황적 맥락과 연계하여 고려해야 한다는 점을 강조한다.

4) 통합이론 패러다임

사회가 다변화하고, 조직이 다양해짐에 따라 리더십 이론은 다양하게 발전하였다. 최근의 리더십 패러다임은 리더십의 모든 이론을 함께 고려하거나 통합하는 방향으로 전환되었다. 즉, 전통적인 리더십 이론을 수정 보완하는 이론과는 차원이 다른 전혀 새롭거나 창의적인 새로운 이론들이 등장하고 있다. 이 통합이론을 대표하는 이론으로 변혁적 리더십, 서번트 리더십, 셀프 리더십, 긍정형 리더십 등을 들 수 있다. 리더십 통합이론은 성공적이고 영향력 있는 리더와 추종자관계를 설명하기 위해서 특성이론과 행위이론 및 상황이론을 통합하려고 한다. 어떤 리더의 추종자들이 기꺼이 그리고 열심히 일하고, 집단과 조직의 목표를 달성하기 위해서 개인적으로 희생하려 하는지 또는 어떻게 효과적인 리더가 추종자들의 행위에 영향을 주는지를 설명하려고 한다. 통합이론은 리더의 유효성을 촉진시키는 행위와 특성을 확인하고, 상황에 따라서 리더의 동일한 행동이 추종자들에게 서로 다른 영향을 미치는 이유를 밝혀내는데 중점을 두고 다양한 형태로 변화되어 발전해 나가고 있다.

3. 리더의 유형과 역할

1) 변혁적 리더십

변혁적 리더들은 저차원의 욕구에 의해서 살아가는 사람들을 미래의 비전과 원대한 목적을 가지고 살아가도록 조직원들을 변화시킨다. 즉, 변혁적 리더십에서 리더는 추종자들이 가진 내면의 욕구체계와 가치관을 저차원 욕구에 고차원 욕구로 바꿔주는 사람을 의미한다. 우리는 일상 속에서 대부분 현실적 필요를 충족시키기 위해서 살아간다. 그러나 변혁적 리더는 일상적 현실적 욕구가 아닌 보다 고차원적인 요구를 추구하고 변화하도록 하는 것이다. 이러한 변화는 단순한 외형적 변화가 아닌 깊은 내면의 변화, 즉 변혁을 의미함으로써 변혁적 리더십이라고 한다. 추종자들을 변혁시키기 위하여 변혁적 리더는 카리스마, 영감적 동기부여, 개인적 배려 그리고 지적 자극이라는 변혁적 리더의 행동과 특성을 추종자들에게 보여줌으로써 그들 내면의 가치체계를 고차원으로 변혁시킨다. 변혁적 리더십은 개인은 물론 조직과 사회 전체를 변혁시킴은 물론 개인, 조직, 집단의 성과에도 긍정적인 영향을 미친다. 또한 변혁적 리더들은 개인적 이익에서 집단적 이익으로 관심을 돌리도록 조직원들에게 영향을 미친다는 것이다. 즉, 변혁적 리더는 카리스마를 사용하여 강한 몰입을 이끌어 내고, 추종자들에게 영감을 불어넣고, 팀 성과 및 팀 잠재력에 긍정적인 영향을 주어 조직의 분위기와 조직 문화를 변화시킨다.

2) 서번트 리더십

서번트 리더십에서 리더는 서번트로서 조직구성원의 요구나 바람을 충족시키는 것에 우선을 두며, 그 과정에서 봉사와 희생을 통해 영향력을 발휘하는 리더십을 말한다. 서번트 리더십은 그린리프(Greeleaf(1977))에 의해 처음으로 제시되었는데, 강한 도덕적 입장에서 리더십을 본다. 그에 의하면 도덕적 권위는 양심과 원칙의 준수, 섬김, 봉사, 희생을 통해 얻어지고, 그러한 도덕적 힘과 우월성은 겸손에서 나온다고 하였다. 도덕적 권위가 높을 때 팔로어들은 리더를 진정으로 따르기 때문에 비로소 서번트가 리더가 된다. 따라서 서번트 리더십은 테레사 수녀처럼 팔로어를 우선으로 생각하고, 팔로어를 진정으로 섬기며, 그들의 욕구를 만족시키기 위해 헌신하는 팔로어 중심의 리더십이라고 할 수 있다. 이렇게 함으로써 팔로어들을 동기부여 시키고, 팔로어들의 잠재역량을 개발하는데 초점을 맞춘다는 점에서 카리스마 리더십도 변혁적 리더십과 공통점을 갖는다.

3) 셀프 리더십

셀프 리더십은 긍정적이고 건설적인 사고와 행동의 지속적인 실천을 강조하는 것으로, 개인이 주어진 상황을 극복하기 위해 자신의 목표를 설정하고 실천해 나가면서 스스로 관찰, 평가, 보상하는 방법을 강조한다. 즉, 셀프 리더십은 본인이 본인 스스로를 통제해 나아가도록 동기부여하는 것에 초점을 두는 리더십을 말한다. 그러므로 셀프 리더십은 "개인이 자기 자신에게 영향을 미치는 지속적인 과정"이라고 정의된다. 만츠(Manz)는 셀프 리더십의 내용을 자기 관찰, 힌트 전략, 자기목표 설정, 자기 보상, 자기 벌칙, 연습 등으로 설명하고 있다. 리더는 다른 사람들을 이끌려고 하기 전에 자기 스스로부터 제대로 이끌 줄 알아야 한다는 것이 셀프 리더십의 핵심 내용이다. 셀프 리더십과 불가분의 관계인 슈퍼 리더십도 있다. 슈퍼 리더십이란 다른 사람들을 셀프 리더로 만드는 리더를 말한다. 리더 육성에 초점을 맞춘 이론이라고 할 수 있다.

4) 긍정형 리더십

마음, 말, 행동을 부정적인 접근방식에서 긍정적인 접근방식으로 전환하여 구성원들의 창의성과 자율성을 최대한 발휘하게 하고, 임무완수에 최선을 다하게 하는 리더십을 말한다. 긍정의 힘에 대해서는 여러 문헌에서 언급하고 있다. 반복적으로 부정적인 정서를 경험하면 자기방어적, 의심, 불안, 자기중심적이 되지만, 반복적으로 긍정적인 정서를 경험하면 창의성과 공동체 의식이 증대되고, 배려와 봉사, 감사하는 마음이 증가되어 궁극적으로 행복한 삶을 창조한다는 것이다. 따라서 긍정형 리더는 통제/지시/제한적인 부정적 접근 방식에서 자율/책임/소통의 긍정적 접근방식으로 전환함으로써, 조직원을 하급자가 아닌 동료로, 단점(약점) 보완이 아닌 장점(강점) 강화에 초점을 두고 이끌어 최소한의 성취가 아닌 획기적인 성취를 가능하게 한다는 것이다. 특히 긍정형 리더십의 가장 중요한 점은 조직원들이 긍정적인 정서를 반복적으로 느낄 수 있도록 조직을 이끌어 가야 한다는 것이다.

3. 리더십 이렇게 키우자

1) 긍정형 리더가 되자.

리더의 일반적인 모습에서 우리는 쉽게 통제, 지시, 금지, 제한 일변도의 모습을 쉽게 찾아 볼 수 있다. '하급자는 능력이 떨어져, 그런데도 나보다 열의가 없어' 등의 생각을 가지고 하급자의 업무영역까지 통제하고 간섭한다면 그 결과는 부정적일 수밖에 없을 것이다. 리더가 먼저 긍정적으로 되어야 조직원들에게 긍정적으로 영향을 미칠 수 있다. 리더가 먼저 긍정적인 패러다임으로 전환하여, 실현 가능한 구체적인 목표와 비전을 제시하고 지금 하는 일에 긍정적으로 헌신하는 것이다.

2) 하급자를 소중한 존재로 대하라.

하급자는 마음대로 할 수 있는 존재로 인식하고, 상급자는 지적/지시만 하는 사람으로 인식한다면 리더로서 인정받기 어려울 것이다. 조직원들을 소중한 존재로 대하고 조직원들의 입장에서 생각하여야 조직원들이 긍정적인 에너지를 가지고 임무를 완수해 나갈 것이다. 리더가 하급자의 마음을 얻는 최고의 지혜는 경청이다.

3) 긍정적인 말과 행동으로 소통하라.

우리의 일상에서 부정적인 말과 행동이 쉽게 사용된다. "엉뚱한 소리 말고 묻는 말에나 답해!", "개념 없는 소리 그만해!", "너는 시키는 대로만 해!" 등 리더는 자기가 하고 싶은 말만하고 듣지 않는다면 조직 내의 소통은 절대로 이루어질 수 없다. 긍정적인 말과 행동을 사용하여 의사소통이 활성화될 수 있도록 다양한 기법을 적용하여야 한다.

4) 조직의 긍정적 변화를 주도하라.

리더가 조직을 이끌어 나가는 과정에 조직 내외의 환경 변화에 둔감해지거나 심지어 이러한 환경변화를 회피하는 경향도 있을 수 있다. 조직이 경직되고 창의성이 말라버리는 위기의 순간이다. 리더는 항상 긍정적 변화가 필요하다는 마인드를 가져야 한다. 조직원들에게 긍정형 비전을 제시하고 확산시켜야 하며, 때로는 과감하게 결단하고 실행하여야 한다.

5) 긍정형 팔로워가 되자.

최근 우리 사회에서 팔로어의 중요성에 대하여 인정하고 있고, 나아가 우리 역사와 사회의 흐름이 우리로 하여금 보다 강하고 모범적인 팔로어를 만들어 내라고 요구하고 있다. 즉, 리더와 팔로어의 역할이 과거처럼 확연히 구분되지 않고, 팔로어를 배제하고 리더십만을 강조하는 것은 바람직하지 않다. 실제로 리더십과 팔로어십은 조직이 성공으로 가는 데 있어서 경쟁관계가 아니라 상호보완적 존재이다. 조직이 성공을 거두려면 유능한 리더와 긍정형 팔로어가 함께 해야 가능하다.

인성 지도 및 상담

<실습/토의>

Personality coaching and counseling

1. 타고난 성격과 습관, 성품에 따라 리더들의 문제 해결 방안은 다양하게 나타난다. 당신의 성격과 습관, 성품을 구체적인 예(적어도 5가지 이상)를 들어 설명하고, 당신은 어떤 리더십의 소유자인가? 스스로 점검해 봅시다.

2. 개인적으로 존경하는 리더를 선정하고, 그 분의 리더십을 리더십 이론에 근거하여 분류하여 보고, 장점과 추가 보완이 요구되는 부분이 있는지에 대하여 논하여 봅시다.

성인 지도 및 상담

<핵심정리>

Personality coaching and counseling

다양한 구성원들은 각기 다른 가치관, 신념, 태도를 지니고 있다. 그러므로 각 집단의 특성과 상황에 따라 훌륭한 리더가 지녀야 할 역량 역시 달라야 할 것이다. 현재 우리 사회는 개인의 이해관계가 집단의 이해관계와 밀접하게 연관되어 집단 구성원 간에 상호의존적 관계가 높다. 따라서 집단의 효율성을 높여주는 리더의 역할은 대단히 중요하다. 집단효율성은 마치 서로 다른 악기소리가 화음을 이루는 오케스트라와 같이 개인들이 서로 역할을 분담하여 전체를 위하여 각자가 맡은 일을 수행할 수 있도록 지휘자인 리더가 잘 지휘할 때 최고 수준에 도달하게 되는 것이다. 그래서 탁월한 성과를 내는 리더는 협력을 잘 이끌어 내는 사람일 것이다. 불완전한 사람들이 함께 모여 완벽한 팀을 만드는 것이 리더십의 본질인 것이다. 리더 스스로 긍정적인 자세로 나 자신의 부족한 점을 겸허히 성찰하고, 다른 사람의 장점을 살려 줌으로써 공동체의 창조적 가치를 더욱 크게 할 수 있다. 냉철한 지성과 감성이 조화를 이루면서 폭넓은 공감대를 이룩할 수 있어야만 진정한 리더십이라 할 수 있을 것이다.

성인 지도 및 상담

교과명 10 행복실천론

개 요

우리는 흔히 행복은 멀리 있다고 말한다. 그리고 자신이 불행한 것처럼 여기는 경우가 허다하다. 그러나 행복은 결코 멀리 있지 않다. 마음을 긍정적으로 갖고, 행복을 멀리서 찾지 아니하며 주위의 사소한 것에도 감사하는 마음을 갖는다면 행복해질 수 있다. 그리고 행복해질 수 있는 조건을 찾아 끊임없이 실천해야 한다. 마음만 있을 뿐 실천하지 않는다면 행복에 이르는 길은 먼 나라의 일일 것이다. 지천에 널린 세잎 클로버는 행복이고, 어쩌다 한 번 발견되는 네잎 클로버는 행운이다. 사람들은 주위에 가득한 행복을 마다하고 일과성 만족에 지나지 않는 행운을 쫓아다니는 우(愚)를 범하기도 한다. 행복해지기 위해서는 행복의 조건을 부단히 연습하고 생활화시켜 자신의 습관으로 정착시켜야 한다. 행복해지기 위한 조건을 찾아 연습에 연습을 거듭하기 위한 학습목표는 다음과 같다.

학습목표

<일반목표>

- 행복해지기 위해서는 도덕성이 유지된 만족을 실현해야 한다. 그러기 위해서는 나 자신을 먼저 다스릴 수 있어야 한다. 또한 행복의 조건을 인식하고, 그 조건을 실행할 수 있도록 한다.

<세부목표>

- 행복의 정의를 설명할 수 있다.
- 행복의 조건을 나열할 수 있다.
- 행복을 설계할 수 있다.